Σ BEST
シグマベスト

英文法はくり返し書いて覚える

英文法パターンドリル

中学 1 年

杉山 一志 著

文英堂

本書を手にとってくれたみなさんへ

　この本を手にとってくれたみなさん，こんにちは。著者の杉山一志です。みなさんの中には，小学校で英語の授業があった人も多いと思います。その中で，英語の勉強を十分にやれて，得意になれた人，好きになった人もいるでしょう。また残念ながら，あまり得意にならなかったり，好きになれなかった人もいるかもしれません。

　さて，みなさんは，こんな話を聞いたことがありますか。「英語ができるようになりたければ，英文法を勉強するよりは，外国人と話をする機会をたくさん作ったり，リスニングを勉強するほうが大切だ」という話を。もちろん会話やリスニングは，これからみなさんが，英語力をアップさせるためにはとても大切です。ただ英語をたくさん聞いて，話して，自然に英語ができるようになるには，とても時間がかかってしまうのですね。例えば，アメリカ人の赤ちゃんは，生まれてから毎日，両親や家族から英語で話しかけられ，テレビ番組を見たりして英語づけの生活を送っていますが，それだけの長い時間をかけても，幼稚園や保育園に入学するころから，ようやく少しきちんとしたことを話せるようになるという程度なのですね。みなさんの日本語にあてはめて考えてみるといいと思いますよ。

　そうすると，英語のシャワーをそれほどたくさん浴びて育っていない，私たち日本人が，さあ英語をマスターしようと思うと，もっともっと多くの時間と労力がかかってしまうということになりますね。では，英語をマスターするのは手遅れかというとそんなことはありません。実は，アメリカ人の子どもたちが長い間，失敗を繰り返しながら，自然に身に付けてきた「英語のルール」を，みなさんは整理しながら学ぶことによって，時間をかなり短縮して効率的に学ぶことができるんです。

　今回，僕がこの本を書いた理由は，みなさんに「英語のルール」を自分の手で書きながら，整理して学んで欲しいからという想いからなのです。この**「英語のルール＝英文法」**は，英語を学ぶ日本人にとって，とても便利で役に立つものだということを知って欲しいのです。

　僕も，みなさんと同じように，日本の小学校や中学校に通って，英語の勉強をしてきたわけですが，英文法を学習することからはじめて，実用英語検定（英検）1級など，さまざまな英語のテストに合格することができるようになりました。また，英語のニュースや映画も楽しめるようになりました。そこで改めて，何が一番大切だったかというと，この**中学1年生から中学3年生で学習する英文法**だったんですね。

　この問題集をきっかけにして，「英語っておもしろい」「英語が得意になった」と言ってくれる人がたくさんでてきてくれることを楽しみにしています。

著　者　杉　山　一　志

本書の使い方

　本書は、中学1年で学習する英語のルール（英文法）を、**パターン練習**で確実に身につけるためのドリルブックです。

★ パターン練習とは

たとえば、**I play the piano.**「私はピアノをひきます」という例文の
「～を」の部分（目的語）の the piano を、**tennis** に変えて

I play **tennis**.「私はテニスをします」とします。
次に主語を **You** に変えて

You play **tennis**.「あなたはテニスをします」とします。

このように1つの英文を主語や動詞などを変え、くり返し書いて英文法を覚える練習方法です。

1 　中学1年で学習するポイントを60セクションにわけてあります。
　中学1年で習う英文法を60セクションに細かくわけているので、そのセクションで勉強するポイントや自分のわからないところ、苦手な部分がはっきりします。
　間違えた部分は何度も復習しましょう。

2 　1セクションは2ページで構成しています。
　1セクションは1見開き（2ページ）で構成しています。英語が苦手な人も無理なく進められます。

3 　くり返し書いて英語のルールがきちんと身につきます。
　各セクションは3つの問題から構成されています。文法事項にそった例文をくり返し書いて反復練習をすることで、英語のルールが自然と身についていきます。

もくじ

セクション→

1. I am ～. と You are ～. ……… 6
2. He is ～. と She is ～. ……… 8
3. We are ～. と They are ～. ……… 10
4. This is ～. と That is ～. ……… 12
5. This＋名詞＋is ～. と That＋名詞＋is ～. ……… 14
6. These are ～. と Those are ～. ……… 16
7. These＋名詞＋are ～. と Those＋名詞＋are ～. ……… 18
8. be 動詞の疑問文 ……… 20
9. be 動詞の疑問文の答え方 ……… 22
10. be 動詞の否定文 ……… 24

確認テスト 1 ……… 26

11. I like ～. と You like ～. ……… 28
12. I play ～. と You play ～. ……… 30
13. I [You] を用いた一般動詞 ……… 32
14. Do you play ～?（疑問文）……… 34
15. Do you play ～? の答え方 ……… 36

16. I [You] don't play ～.（否定文）……… 38
17. He likes ～. と She likes ～. ……… 40
18. He plays ～. と She plays ～. ……… 42
19. 3人称単数の s のつけ方 ① ……… 44
20. 3人称単数の s のつけ方 ② ……… 46
21. 3人称単数の s のつけ方 ③ ……… 48
22. Does he [she] play ～?（疑問文）……… 50
23. Does he [she] play ～? の答え方 ……… 52
24. He [She] does not play ～.（否定文）……… 54
25. 代名詞 ……… 56

確認テスト 2 ……… 58

26. 現在進行形 ……… 60
27. 現在進行形のつくり方 ① ……… 62
28. 現在進行形のつくり方 ② ……… 64
29. Are you ～ing?（現在進行形の疑問文）……… 66

- **30** Are you ～ing? の答え方 …… 68
- **31** I am not ～ing.（現在進行形の否定文）…… 70
- **32** 助動詞 can …… 72
- **33** Can you ～？（疑問文）…… 74
- **34** can の疑問文の答え方 …… 76
- **35** I cannot ～.（否定文）…… 78

確認テスト 3 …… 80

- **36** I played ～.（一般動詞の過去形）…… 82
- **37** 一般動詞の過去形 ed のつけ方 ① …… 84
- **38** 一般動詞の過去形 ed のつけ方 ② …… 86
- **39** 一般動詞の過去形 不規則動詞 …… 88
- **40** Did you ～？（疑問文）…… 90
- **41** Did you ～？の答え方 …… 92
- **42** I [You] did not ～.（否定文）…… 94
- **43** I was ～. と You were ～. …… 96
- **44** be 動詞「～がある」「～がいる」…… 98
- **45** Was [Were] he [you] ～？（疑問文）…… 100
- **46** Was [Were] he [you] ～？の答え方 …… 102
- **47** I [You] was [were] not ～.（否定文）…… 104

確認テスト 4 …… 106

- **48** 疑問詞 what ① …… 108
- **49** 疑問詞 what ② …… 110
- **50** What time ～？ …… 112
- **51** 疑問詞 who(m) …… 114
- **52** 疑問詞 who …… 116
- **53** 疑問詞 whose …… 118
- **54** How many ～？ …… 120
- **55** How much ～？ …… 122
- **56** 疑問詞 how, How old ～？など …… 124
- **57** 疑問詞 where …… 126
- **58** 疑問詞 when …… 128
- **59** 疑問詞 why …… 130
- **60** 疑問詞を使った疑問文の答え方 …… 132

確認テスト 5 …… 134

セクション 1

I am 〜. と You are 〜.

☆ **I am 〜.** は「私は〜です」，**You are 〜.** は「あなたは〜です」という意味です。I「私は」や You「あなたは」を**主語**といいます。am や are は **be動詞**といって，「〜です」「〜だ」という意味を表します。主語が I のときと You のときとでは，be動詞の形がちがうことを学習しましょう。

　I am は I'm，You are は You're と短縮した形で用いられることもあります。

　I am a student.（私は学生です）
　主語　be動詞　a　名詞

　You are tall.（あなたは背が高い）
　主語　be動詞　　形容詞

　□の部分には名詞または形容詞が入ります。名詞の前には「1人の，1つの」の意味を表す a[an] を置きます。

Q1 次の文の（ ）内の正しいほうを選び，○で囲みなさい。　　　　（4点×5＝20点）

□ (1) 私は先生です。
　　 I (am / are) a teacher.

□ (2) 私は学生です。
　　 I (am / are) a student.

□ (3) あなたは歌手です。
　　 You (am / are) a singer.

□ (4) 私は若いです。
　　 I (am / are) young.

□ (5) あなたはかわいいです。
　　 You (am / are) cute.　　　　　　　　　　　　　　　cute「かわいい」

Q2 次の日本文に合うように、( )内の語句を並べかえなさい。 (6点×5＝30点)

(1) 私は医者です。(am / a / doctor / I).

_____.

(2) あなたは少年です。(a / boy / are / you).

_____.

(3) 私は忙しい。(busy / I / am).

_____.

(4) 私は元気です。(I / fine / am).

_____.

(5) あなたは有名です。(famous / are / you).　　famous「有名な」

_____.

Q3 次の日本文を英語になおしなさい。 (10点×5＝50点)

(1) 私は歌手です。

_____

(2) あなたは先生です。

_____

(3) 私は少年です。

_____

(4) あなたは忙しい。

_____

(5) あなたは若いです。

_____

覚えておくポイント 〈be動詞＋a＋名詞〉と〈be動詞＋形容詞〉

a[an]は1個、1本、1冊のように数えられる名詞〔ものの名前〕の前につきます。一方、tall(高い)やyoung(若い)は形容詞なので、前にa[an]はつきません。ただし、a tall boy(背の高い少年)のように、〈形容詞＋名詞〉の場合には前にa[an]がつきます。

　　I　　am　　a　　singer.　（私は歌手です）
　主語　be動詞　a　　名詞

　　I　　am　　a　　good singer.　（私はよい歌手です）
　主語　be動詞　a　　形容詞　名詞

セクション 2

He is 〜. と She is 〜.

> ☆ **He is 〜.** は「彼は〜です」，**She is 〜.** は「彼女は〜です」という意味です。am や are と同じように，**is** も **be動詞**です。主語が He や She，my brother, Jane などのときは，be動詞は is を用います。
>
> **He　　is**　my uncle.（彼は私のおじです）
> **Jane　is**　a student.（ジェーンは学生です）

Q1 次の文の（　）内の正しいほうを選び，○で囲みなさい。　　　　　　（4点×5＝20点）

☐ (1) 彼は男性です。
　　He (am / is) a man.

☐ (2) 彼は作家です。
　　He (are / is) a writer.

☐ (3) 彼女は看護師です。
　　She (am / is) a nurse.

☐ (4) ボブは親切です。
　　Bob (is / am) kind.

☐ (5) 私の姉は背が高い。
　　My sister (are / is) tall.

Q2 次の日本文に合うように，（　）内の語句を並べかえなさい。　　　　（6点×5＝30点）

☐ (1) 彼はコックです。(a / he / is / cook).

　　_____.

☐ (2) 彼女はミュージシャンです。(she / musician / is / a).

　　_____.

☐ (3) 彼はかっこいいです。(cool / he / is).

_____.

☐ (4) 私の父は健康です。(healthy / father / is / my).

_____.

☐ (5) 彼女はかわいいです。(is / she / pretty).

_____.

Q3 次の日本文を英語になおしなさい。 (10点×5＝50点)

☐ (1) 彼女は作家です。

_____

☐ (2) 私の兄はミュージシャンです。

_____

☐ (3) 彼女は親切です。

_____

☐ (4) トム(Tom)は健康です。

_____

☐ (5) ジェーンは背が高いです。

_____

覚えておくポイント　be 動詞の種類

「～です，～だ」の意味を表す be 動詞は，am / are / is の3種類です。主語によって使いわけます。

主語	be動詞
I	**am**
You	**are**
He, She, It, Jane, Bob, The dog など	**is**

セクション 3

We are 〜. と They are 〜.

⭐ **We are 〜.** は「私たちは〜です」，**They are 〜.** は「彼らは〜です，それらは〜です」という意味です。「私たち」や「彼ら・それら」のように2人，2つ以上のことを**複数**といいます。それに対して，「私」や「彼」「それ」のように1人，1つのことを**単数**といいます。We や They のように複数形が主語になったときは，**be 動詞は are** を用います。

We   are   friends.（私たちは友だちです）
They   are   basketball players.（彼らはバスケットボールの選手です）

Q1 次の文の( )内の正しいほうを選び，○で囲みなさい。 (4点×5＝20点)

(1) 私たちは兄弟です。
　　We (are / is) brothers.

(2) 彼らは医者です。
　　They (are / am) doctors.

(3) 私たちはデザイナーです。
　　We (am / are) designers.　　　　designer「デザイナー」

(4) 私たちは幸せです。
　　We (are / am) happy.

(5) 彼らは親切です。
　　They (am / are) kind.

Q2 次の日本文に合うように，( )内の語句を並べかえなさい。 (6点×5＝30点)

(1) 私たちは学生です。(we / students / are).

☐ (2) 彼らは女の子です。(are / girls / they).

　　_____.

☐ (3) 私たちは先生です。(teachers / we / are).

　　_____.

☐ (4) 私たちは悲しい。(are / we / sad).

　　_____.

☐ (5) 彼らは忙しい。(busy / they / are).

　　_____.

Q3 次の日本文を英語になおしなさい。　　　　　　　　（10点×5＝50点）

☐ (1) 私たちは医者です。

　　_____

☐ (2) 彼らは学生です。

　　_____

☐ (3) 彼らはデザイナーです。

　　_____

☐ (4) 彼らは幸せです。

　　_____

☐ (5) 私たちは親切です。

　　_____

 **単数と複数**

単数　　　　　　　　　　　複数

セクション 4

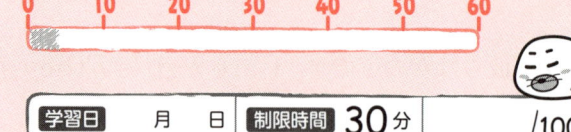

This is ～. と That is ～.

★ **This is ～.** は「これは～です」で，**That is ～.** は「あれは～です」という意味です。This は，話している人の近くにいるものや人を指します。また，that は this に比べて，遠くにあるものや人を指します。

This **is** an apple.（これはリンゴです）
That **is** a bus.（あれはバスです）

Q1 次の文の（ ）内の正しいほうを選び，○で囲みなさい。 （4点×5＝20点）

(1) これは本です。
This (is / are) a book.

(2) あれは机です。
That (is / are) a desk.

(3) これはニンジンです。
(This / That) is a carrot.   carrot「ニンジン」

(4) こちらはエイミーです。
This (is / are) Amy.

(5) あちらはトムです。
(This / That) is Tom.

Q2 次の日本文に合うように，（ ）内の語句を並べかえなさい。 （6点×5＝30点）

(1) これはイスです。(is / a / chair / this).

_____.

(2) あれはコンピューターです。(a / computer / is / that).

_____.

12

- (3) これはCDです。(a / CD / this / is).

  _____.

- (4) こちらはボブです。(this / Bob / is).

  _____.

- (5) あちらはキャシーです。(Cathy / is / that).

  _____.

Q3 次の日本文を英語になおしなさい。 (10点×5=50点)

- (1) これはニンジンです。

  _____

- (2) あれはクッキー(cookie)です。

  _____

- (3) これはコンピューターです。

  _____

- (4) こちらはキャシーです。

  _____

- (5) あちらはカルロス(Carlos)です。

  _____

覚えておくポイント | **this と that の使いわけ**

近くのもの　This is an apple.　　離れているもの　That is a car.

13

セクション 5

学習日　月　日　制限時間 30分　/100点

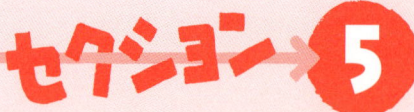

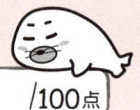

This＋名詞＋is ～. と That＋名詞＋is ～.

答え→別冊 p.4

☆ this や that は「これは」や「あれは」以外にも，**「この」**や**「あの」**という意味になり，名詞を後ろに置いてセットで主語を作ることができます。this pen「このペン」や that boy「あの少年」のようになります。

This	**pen**	**is**	new.（このペンは新しい）
this	名詞	is	
That	**boy**	**is**	my brother.（あの少年は私の弟です）
that	名詞	is	

Q1 次の文の(　)内の正しいほうを選び，○で囲みなさい。（4点×5＝20点）

□ (1) この本はよい。
This book (is / are) good.

□ (2) あの少女はかわいいです。
That girl (am / is) pretty.

□ (3) この少年は親切です。
This boy (is / are) kind.

□ (4) この箱は大きい。
This box (is / are) big.

□ (5) あのペンは役に立ちます。
That pen (am / is) useful.

Q2 次の日本文に合うように，(　)内の語句を並べかえなさい。（6点×5＝30点）

□ (1) この試合はわくわくします。
(is / game / this / exciting).　　exciting「わくわくして」

______________________________.

☐ (2) あの女性は美しい。
(beautiful / woman / is / that).

_____.

☐ (3) このDVDはおもしろい。
(DVD / this / is / interesting).   interesting「おもしろい」

_____.

☐ (4) こちらの少年はデイビッドです。
(boy / this / David / is).

_____.

☐ (5) あちらの少女はエマです。
(girl / Emma / is / that).

_____.

Q3 次の日本文を英語になおしなさい。 (10点×5＝50点)

☐ (1) この人形(doll)はかわいい。

_____

☐ (2) あの本はおもしろい。

_____

☐ (3) このペンは役に立ちます。   「役に立つ」useful

_____

☐ (4) この女性は美しい。

_____

☐ (5) あの男の人は大きい。

_____

覚えておくポイント　(×) a＋this [that]＋名詞

a [an] と this [that] を並べて使うことはできないので，注意しましょう。どちらか一方だけを使います。

(×) *a that* boy
(×) *that a* boy

15

セクション 6

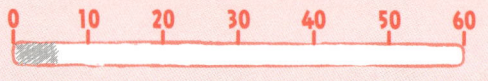

These are 〜. と Those are 〜.

答え→別冊 p.4

⭐ these「これらは」は this の複数形で，those「あれらは」は that の複数形です。「これらは〜です」は **These are 〜.**，「あれらは〜です」は **Those are 〜.** といいます。be 動詞は are を用います。

「〜」の部分に名詞をつづけるときは，1つや1人を表す a を使う代わりに，名詞に s をつけて複数形にします。英語は単数なのか複数なのかをはっきり示す言語です。

These are my bags. （これらは私のかばんです）
　　　　　　　　　↑複数形
Those are dogs. （あれらは犬です）

Q1 次の文の(　)内の正しいほうを選び，○で囲みなさい。　　(4点×5＝20点)

(1) これらは本です。
　　These (is / are) books.

(2) あれらは飛行機です。
　　(These / Those) are planes.

(3) これらはネコです。
　　(These / Those) are cats.

(4) これらの方々は先生です。
　　These (are / is) teachers.

(5) あちらの方々は役人です。
　　Those (are / am) officials.　　　　　official「役人」

Q2 次の日本文に合うように，（ ）内の語句を並べかえなさい。　　(6点×5＝30点)

☐ (1) これらはイスです。
(are / chairs / these).
_____.

☐ (2) あれらはコンピューターです。
(are / computers / those).
_____.

☐ (3) これらはCDです。
(CDs / these / are).
_____.

☐ (4) これらの方々は弁護士です。
(these / lawyers / are).　　　　　　　lawyer「弁護士」
_____.

☐ (5) あちらの方々は英語の先生です。
(teachers / are / English / those).
_____.

Q3 次の日本文を英語になおしなさい。　　(10点×5＝50点)

☐ (1) これらは机です。
_____

☐ (2) あれらはCDです。
_____

☐ (3) これらはコンピューターです。
_____

☐ (4) あちらの方々は弁護士です。
_____

☐ (5) こちらの方々は英語の先生です。
_____

17

These＋名詞＋are 〜. と Those＋名詞＋are 〜.

答え→別冊 p.4

☆ this や that と同じで，these や those も名詞を後ろに置いて「これらの〜」「あれらの〜」とセットで主語を作ることができます。たとえば，these tables「これらのテーブル」や those girls「あれらの女の子」のように使うことができます。

These tables **are** new. （これらのテーブルは新しい）
these　複数形　are

Those girls **are** my friends. （あれらの少女は私の友だちです）
those　複数形　are

複数形が主語になるので，**be 動詞は are** を使います。these や those は複数を指す単語なので，後ろの名詞は複数形にします。

Q1 次の文の(　)内の正しいほうを選び，○で囲みなさい。　　　（4点×5＝20点）

□ (1) これらのウサギはかわいいです。
　　　These rabbits (is / are) pretty.

□ (2) あれらの机は大きいです。
　　　(These / Those) desks are big.

□ (3) これらのペンは役に立ちます。
　　　(These / Those) pens are useful.

□ (4) こちらの先生方は親切です。
　　　These teachers (is / are) kind.

□ (5) あれらの歌はよい。
　　　Those songs (are / am) good.

Q2 次の日本文に合うように，（ ）内の語句を並べかえなさい。 (6点×5＝30点)

(1) これらのイスは小さいです。
(are / chairs / these / small).
_____.

(2) あれらのコンピューターは高いです。
(expensive / are / those / computers).　　expensive「高い」
_____.

(3) これらの映画はおもしろいです。
(movies / these / are / interesting).
_____.

(4) こちらの少女たちはかわいい。
(these / pretty / are / girls).
_____.

(5) あちらの俳優たちはかっこいいです。
(actors / are / those / cool).　　actor「俳優」 cool「かっこいい」
_____.

Q3 次の日本文を英語になおしなさい。 (10点×5＝50点)

(1) あれらのペンは役に立ちます。
_____

(2) これらの本はおもしろいです。
_____

(3) これらの机は小さいです。
_____

(4) この少年たちはかっこいいです。
_____

(5) あの少女たちはかわいいです。
_____

be 動詞の疑問文

答え→別冊 p.4

☆ 「~〔主語〕は…ですか」と相手にたずねる文を「**疑問文**」といいます。それに対して，「~〔主語〕は…です」という文を「**肯定文**」といいます。

　これまで学習した be 動詞の文を疑問文にするときは，**be 動詞を主語の前に置きます**。また，文末にはピリオドの代わりに，疑問文であることを示す " **?** "（クエスチョンマーク）をつけます。

　　He　　**is**　　a teacher.　（彼は先生です）

　　Is　　he　　a teacher **?**　（彼は先生ですか）

　　You　　**are**　　a good student.　（あなたはよい生徒です）

　　Are　　you　　a good student **?**　（あなたはよい生徒ですか）

Q1 次の文の（　）内の正しいほうを選び，○で囲みなさい。　　　　（4点×5＝20点）

☐ (1) 彼は医者ですか。
　　　(Are / Is) he a doctor?

☐ (2) 彼女は悲しんでいますか。
　　　(Is / Am) she sad?

☐ (3) これらは馬ですか。
　　　(Are / Is) these horses?

☐ (4) あなたは幸せですか。
　　　(Am / Are) you happy?

☐ (5) あちらの男性は有名ですか。
　　　(Is / Am) that man famous?

Q2 次の日本文に合うように，（　）内の語句を並べかえなさい。 (6点×5＝30点)

(1) 彼は大工ですか。
(a / he / is / carpenter)?　　　　　　　　carpenter「大工」
_____?

(2) あれはコンピューターですか。
(a / computer / is / that)?
_____?

(3) あなたは歌手ですか。
(a / are / singer / you)?
_____?

(4) 彼は元気ですか。
(fine / is / he)?
_____?

(5) これらの本はおもしろいですか。
(books / these / are / interesting)?
_____?

Q3 次の日本文を英語になおしなさい。 (10点×5＝50点)

(1) 彼は悲しんでいますか。
_____

(2) あなたは元気ですか。
_____

(3) 彼らは大工ですか。
_____

(4) この男性は忙しいですか。
_____

(5) あれらの本はおもしろいですか。
_____

セクション 9

be 動詞の疑問文の答え方

答え→別冊 p.5

> ★ 相手にたずねられて答えるときの表現を学習しましょう。「～〔主語〕は…ですか」に対して，「はい，そうです」と答えるときは〈**Yes, 主語＋be 動詞.**〉「いいえ，そうではありません」と答えるときは，〈**No, 主語＋be 動詞＋not.**〉となります。be 動詞でたずねられたら，be 動詞で答えます。is not は isn't，are not は aren't と短縮形で用いられることも多いです。
>
> Are you a student?（あなたは学生ですか）
> ― **Yes, I am**.（はい，そうです）／ **No, I am not**.（いいえ，ちがいます）

Q1 次の文の（ ）内の正しいほうを選び，○で囲みなさい。 （4点×5＝20点）

☐ (1) 彼は教師ですか。― はい，そうです。
　　　Is he a teacher? ― Yes, he (am / is).

☐ (2) 彼女は悲しんでいますか。― いいえ，悲しんでいません。
　　　Is she sad? ― No, she (is / is not).

☐ (3) これらは犬ですか。― はい，そうです。
　　　Are these dogs? ― Yes, (it is / they are).

☐ (4) あなたは幸せですか。― いいえ，幸せではありません。
　　　Are you happy? ― No, (I am / I'm not).

☐ (5) あれは駅ですか。― はい，そうです。
　　　Is that a station? ― Yes, (that is / it is).

Q2 次の日本文に合うように，（ ）内の語句を並べかえなさい。 （6点×5＝30点）

☐ (1) 彼はコックですか。― はい，そうです。
　　　Is he a cook? ― (he / is / yes / ,).

□ (2) あれは病院ですか。 — いいえ，ちがいます。
Is that a hospital? — (no / is / it / not / ,).

_____.

□ (3) あなたは少年ですか。 — はい，そうです。
Are you a boy? — (I / am / yes / ,).

_____.

□ (4) 彼は正直ですか。 — いいえ，正直ではありません。
Is he honest? — (he / isn't / no / ,).   honest「正直な」

_____.

□ (5) これらのネコはかわいいですか。 — はい，それらはかわいいです。
Are these cats cute? — (they / are / yes / ,).

_____.

Q3 次の文の下線部を英語になおしなさい。   (10点×5＝50点)

□ (1) あれらは犬ですか。 — いいえ，ちがいます。

Are those dogs? _____

□ (2) あの女性は美しいですか。 — はい，美しいです。

Is that woman beautiful? _____

□ (3) あなたは幸せですか。 — いいえ，幸せではありません。

Are you happy? _____

□ (4) あれはコンピューターですか。 — はい，そうです。

Is that a computer? _____

□ (5) 彼女は悲しんでいますか。 — いいえ，悲しんでいません。

Is she sad? _____

名詞→代名詞

問いの文で「あちらの男性」「あの女性」や「ケン」「メアリー」などが主語ならば，答えるときはそれをくり返さず，男性ならば he，女性ならば she にかえる。

Is **Mary** a singer? （メアリーは歌手ですか）
— No, **she** isn't. （いいえ，ちがいます）

セクション 10 be動詞の否定文

> ☆「~〔主語〕は…ではありません」と内容を否定する文を「**否定文**」といいます。
> 　be動詞のis / am / areを用いた文を否定文にするときは，否定を表すnotをbe動詞のあとに置き，〈**be動詞＋not**〉という語順にします。are not は aren't，is not は isn't という短縮形も使われます。
>
> 　　I am　　　a tennis player.（私はテニス選手です）
> 　　I am **not** a tennis player.（私はテニス選手ではありません）
> 　　You **are not [aren't]** a teacher.（あなたは教師ではありません）
> 　　He **is not [isn't]** busy.（彼は忙しくありません）
> 　　This **is not [isn't]** a bike.（これは自転車ではありません）

Q1 次の文の（　）内の正しいほうを選び，○で囲みなさい。　　　　（4点×5＝20点）

☐ (1) 私は教師ではありません。
　　I (am not / are not) a teacher.

☐ (2) これはトランペットではありません。
　　This (is not / are not) a trumpet.

☐ (3) 私たちはパイロットではありません。
　　We (is not / are not) pilots.

☐ (4) 彼女は背が高くありません。
　　She (am not / is not) tall.

☐ (5) あれらのリンゴは甘くありません。
　　Those apples (isn't / aren't) sweet.　　　　　　sweet「甘い」

Q2 次の日本文に合うように、( )内の語句を並べかえなさい。　(6点×5＝30点)

(1) 彼は医者ではありません。
(is / a / doctor / he / not).

_____.

(2) 私は看護師ではありません。
(a / nurse / am / not / I).

_____.

(3) あれは博物館ではありません。
(is / a / not / that / museum).

_____.

(4) サムは忙しくありません。
(Sam / busy / isn't).

_____.

(5) これらの問題は簡単ではありません。
(These / aren't / easy / problems).　　　problem「問題」

_____.

Q3 次の日本文を英語になおしなさい。　(10点×5＝50点)

(1) ジョージ(George)は医者ではありません。

_____

(2) あれはペンではありません。

_____

(3) 彼女は看護師ではありません。

_____

(4) 私は忙しくありません。

_____

(5) あれらの問題は簡単ではありません。

_____

25

確認テスト 1

学習日　月　日　制限時間 45分　／100点

出題範囲 → セクション ❶ 〜 ❿

答え→別冊 p.5

1 次の( )内に入る語句を選び，番号で答えなさい。

(4点×5＝20点)

(1) 私はマイクです。　I (　　) Mike.
　① am　　② are　　③ is

(2) これは犬です。　This (　　) a dog.
　① am　　② is　　③ are

(3) あなたはお腹がすいていますか。　(　　) hungry?
　① Are you　　② You are　　③ Is you

(4) こちらの生徒たちは中学生です。
　(　　) junior high school students.
　① These students are　　② These are students
　③ Those students are

(5) あれは自転車ではありません。
　That (　　) a bicycle.
　① not is　　② are not　　③ is not

2 次の文を，( )内の指示に従って書きかえなさい。

(4点×5＝20点)

(1) I am a teacher. （短縮形を用いて）

(2) He is a musician. （否定文に）

(3) These bags are large. （否定文に）

(4) That man is Mr. Smith. （疑問文にして，yes で答える）

(5) Those students are high school students. （否定文に）

3 各組の2文がほぼ同じ意味になるように，（　）内に適当な1語を入れなさい。

(4点×3＝12点)

(1) That man is young.
That is (　　　　) (　　　　) man.

(2) Those shoes are red.
Those (　　　　) red shoes.

(3) These are very useful pencils.
These (　　　　) are very (　　　　).

4 次の日本文に合うように，（　）内の語句を並べかえなさい。

(6点×4＝24点)

(1) あれはライオンですか。― はい，そうです。
(a / lion / is / that)? ― (it / is / , / yes).
_____? _____.

(2) これらの車は高価ですか。― いいえ，高価ではありません。
(cars / expensive / are / these)? ― (they / no / aren't / ,).
_____? _____.

(3) 私は学生ではありません。
(not / I'm / student / a).
_____.

(4) あなたはホワイトさんですか。― はい。そうです。
(you / are / White / Mr.)? ― (yes / , / am / I).
_____? _____.

5 次の日本文を英語になおしなさい。

(6点×4＝24点)

(1) あなたは医者ですか。― いいえ，ちがいます。

(2) 彼女は美しいです。

(3) これらの机はとても大きいです。

(4) あれらはコンピューターです。

27

セクション 11

I like 〜. と You like 〜.

答え→別冊 p.6

☆ be 動詞に対して，「話す」「食べる」「走る」など「〜する」を表す動詞のことを一般動詞と呼びます。一般動詞は be 動詞と並べて使うことはできません。

　　（×）　I *am play* in the park.

ここでは，一般動詞の中でとても重要な動詞である **like**「〜を好む，〜が好きだ」を使って練習しましょう。

　　I　　**like**　　apples.　（私はリンゴが好きです）
　　You　**like**　　sports.　（あなたはスポーツが好きです）

Q1 次の文の（　）内の正しいほうを選び，○で囲みなさい。　　　（4点×5＝20点）

☐ (1) 私はサッカーが好きです。
　　I (am / like) soccer.

☐ (2) 私は英語が好きです。
　　I (like / am) English.

☐ (3) あなたはトムが好きです。
　　You (like / are) Tom.

☐ (4) 私は野球が好きです。
　　I (am like / like / are like) baseball.

☐ (5) あなたは数学が好きです。　　　　　　　　　　　　　math「数学」
　　You (is like / like / are like) math.

Q2 次の日本文に合うように，（　）内の語句を並べかえなさい。　(6点×5＝30点)

(1) 私はバスケットボールが好きです。
(like / basketball / I).

_____.

(2) 私はメアリーが好きです。
(Mary / I / like).

_____.

(3) あなたは大阪が好きです。
(Osaka / you / like).

_____.

(4) 私は音楽が好きです。
(like / music / I).

_____.

(5) あなたは果物が好きです。
(you / fruit / like).

_____.

Q3 次の日本文を英語になおしなさい。　(10点×5＝50点)

(1) 私は東京(Tokyo)が好きです。

_____

(2) 私はテニス(tennis)が好きです。

_____

(3) あなたは野球が好きです。

_____

(4) 私はトムが好きです。

_____

(5) あなたはジョン(John)が好きです。

_____

セクション 12

I play ～. と You play ～.

答え→別冊 p.6

★ be 動詞は is / am / are の3種類ですが，一般動詞はとてもたくさんあります。ここでは like と同じくらい重要な **play** を学習します。play は「遊ぶ」「スポーツをする」「楽器を演奏する」などいろいろな意味をもつ動詞です。どの意味になるかは play の後ろにくる語句から判断しましょう。

I **play** after school. （私は放課後に遊びます）
You **play** baseball. （あなたは野球をします）
You **play** the piano every day. （あなたは毎日ピアノを弾きます）

Q1 次の文の（ ）内の正しいほうを選び，○で囲みなさい。　　　（4点×5＝20点）

(1) 私はテニスをします。
　I (play / like) tennis.

(2) 私はピアノを弾きます。
　I (am / play) the piano.

(3) あなたはギターを弾きます。
　You (play / are) the guitar.

(4) 私はオルガンを弾きます。
　I (play / am play) the organ.　　　　　organ「オルガン」

(5) あなたはバスケットボールをします。
　You (are play / play) basketball.

Q2 次の日本文に合うように，（ ）内の語句を並べかえなさい。　（6点×5＝30点）

(1) 私はラグビーをします。(rugby / I / play).
　　　　　　　　　　　　　　　　　　　　　　　　　　　　.

☐ (2) 私はフルートを吹きます。(I / the / flute / play)。

_____.

☐ (3) あなたはバイオリンを弾きます。
　　　(play / the / you / violin)。

_____.

☐ (4) 私は野球をします。(I / baseball / play)。

_____.

☐ (5) あなたはバレーボールをします。
　　　(you / volleyball / play)。

_____.

Q3 次の日本文を英語になおしなさい。 (10点×5＝50点)

☐ (1) 私はギターを弾きます。

_____

☐ (2) 私はバイオリンを弾きます。

_____

☐ (3) あなたはオルガンを弾きます。

_____

☐ (4) 私はバスケットボール(basketball)をします。

_____

☐ (5) あなたはテニスをします。

_____

覚えておくポイント　play the＋楽器

　play the piano「ピアノを演奏する」のように play の後に「楽器」を後ろに続けるときには，楽器の前に the を置きます。the のことを定冠詞といいます。
　一方，テニスや野球などの「スポーツをする」の場合は，play tennis [baseball] と the がつきません。

セクション 13 I [You] を用いた一般動詞

⭐ like や play 以外のさまざまな一般動詞を学習しましょう。意味を確認しながら1つずつ覚えましょう。

have	「〜を持つ」	**know**	「〜を知っている」
like	「〜が好きだ」	**speak**	「〜を話す」
study	「〜を勉強する」	**watch**	「〜を見る」
go	「行く」	**come**	「来る」　など

Q1 次の文の（　）内の正しいほうを選び，○で囲みなさい。　　　（4点×5＝20点）

(1) 私はメアリーを知っています。
 I (know / like) Mary.

(2) 私はペンを持っています。
 I (like / have) a pen.

(3) あなたはフランス語を話します。
 You (speak / like) French.　　　　　French「フランス語」

(4) 私は英語を勉強します。
 I (play / study) English.

(5) あなたはテレビを見ます。
 You (like / play / watch) TV.

Q2 次の日本文に合うように，（　）内の語句を並べかえなさい。　　（6点×5＝30点）

(1) 私はノートを持っています。(have / notebook / I / a).

　　　　　　　　　　　　　　　　　　　　　　　　　　　　　.

☐ (2) 私は韓国語を勉強します。(Korean / study / I).　　　Korean「韓国語」

_____.

☐ (3) あなたはトムを知っています。(know / you / Tom).

_____.

☐ (4) 私はその試合を見ます。(game / watch / I / the).

_____.

☐ (5) あなたはスペイン語を話します。(Spanish / you / speak).
　　　　　　　　　　　　　　　　　　　　　Spanish「スペイン語」

_____.

Q3　次の日本文を英語になおしなさい。　　　　　　　　(10点×5＝50点)

☐ (1) 私はフランス語を勉強します。

_____

☐ (2) あなたはノートを持っています。

_____

☐ (3) あなたはその試合を見ます。

_____

☐ (4) 私はスペイン語を話します。

_____

☐ (5) あなたはメアリーを知っています。

_____

覚えておくポイント　「～を」を表す語…目的語

「私は英語を勉強します」や「あなたはノートを持っています」のように「～を」の意味を表す語を目的語といいます。

目的語には，English や notebook のように「物」を表す語のほかに，Mary や brother のように「人」を表す語もあります。

　　I like Mary.　（私はメアリーが好きです）
　　　　目的語

セクション 14

Do you play ～？（疑問文）

[学習日 月 日] [制限時間 30分] /100点

答え→別冊 p.6

> ☆ 一般動詞の疑問文「～しますか」のつくり方を学習しましょう。一般動詞の前にDoを置き〈**Do**＋主語＋一般動詞 ～?〉の語順にします。主語と一般動詞の語順はそのままです。be動詞の場合と同じように，文末には"?"（クエスチョンマーク）を置くことを忘れないようにしましょう。
>
> You **speak** English.（あなたは英語を話します）
>
> **Do** you **speak** English**?**（あなたは英語を話しますか）

Q1 次の文の（ ）内の正しいほうを選び，○で囲みなさい。　　（4点×5＝20点）

☐ (1) あなたは野球をしますか。
(Are / Do) you play baseball?

☐ (2) あなたは数学を勉強しますか。
(Do / Are) you study math?

☐ (3) あなたはトムを知っていますか。
(Are / Do) you know Tom?

☐ (4) あなたはバレーボールが好きですか。
(Do / Are) you like volleyball?

☐ (5) あなたは中国語を話しますか。
(Are / Do) you speak Chinese?　　　　　Chinese「中国語」

Q2 次の日本文に合うように，（ ）内の語句を並べかえなさい。　　（6点×5＝30点）

☐ (1) あなたは日本語を話しますか。
(speak / you / do / Japanese)?

_____?

☐ (2) あなたはピアノを弾きますか。
(do / play / you / piano / the)?

_____?

☐ (3) あなたは英語を勉強しますか。
(study / do / you / English)?

_____?

☐ (4) あなたは音楽が好きですか。(like / do / music / you)?

_____?

☐ (5) あなたはボブを知っていますか。(you / know / Bob / do)?

_____?

Q3 次の日本文を英語になおしなさい。 (10点×5＝50点)

☐ (1) あなたは中国語を勉強しますか。

_____

☐ (2) あなたは英語を話しますか。

_____

☐ (3) あなたはトムを知っていますか。

_____

☐ (4) あなたはボブが好きですか。

_____

☐ (5) あなたはバレーボールをしますか。

_____

be 動詞の疑問文と一般動詞の疑問文

be 動詞の疑問文と混同しないように注意しましょう。
〔be 動詞の疑問文〕　is / are / am を主語の前に置く。
　Are you a student?　（あなたは学生ですか）
〔一般動詞の疑問文〕　Do を主語の前に置いて，一般動詞はそのままの位置。
　Do you **study** math?　（あなたは数学を勉強しますか）

Do you play ～ ? の答え方

> ☆ 一般動詞の疑問文「あなたは〜しますか」の答え方を学習しましょう。「〜しますか」に対して，「はい，私は〜します」と答えるときは，〈**Yes, I do.**〉，「いいえ，私は〜しません」と答えるときは，〈**No, I do not.**〉といいます。do not は**短縮形 don't**を用いることが多いです。
>
> **Do** you speak English?（あなたは英語を話しますか）
> ― Yes, I **do**.（はい，話します）
> No, I **do not** [**don't**].（いいえ，話しません）

Q1 次の文の( )内の正しいほうを選び，○で囲みなさい。　　　(4点×5＝20点)

☐ (1) あなたはケーキを作りますか。― はい，作ります。
　　Do you make cakes? ― Yes, I (am / do).

☐ (2) あなたはジムを手伝いますか。― はい，手伝います。
　　Do you help Jim? ― Yes, I (do / am).

☐ (3) あなたはメアリーを愛していますか。― いいえ，愛していません。
　　Do you love Mary? ― No, I (do not / am not).

☐ (4) あなたは自転車を持っていますか。― はい，持っています。
　　Do you have a bike? ― Yes, I (do / am).

☐ (5) あなたはテレビを見ますか。― いいえ，見ません。
　　Do you watch TV? ― No, I (am not / don't).

Q2 次の日本文に合うように、（　）内の語句を並べかえなさい。　(6点×5＝30点)

(1) あなたはペンを持っていますか。— いいえ、持っていません。
Do you have a pen? —(no / , / I / do / not).
_____.

(2) あなたはカメラを使いますか。— はい、使います。
Do you use a camera? —(yes / do / I / ,).
_____.

(3) あなたはトムを手伝いますか。— いいえ、手伝いません。
Do you help Tom? —(don't / I / , / no).
_____.

(4) あなたは人形を作りますか。— はい、作ります。
Do you make dolls? —(I / yes / do / ,).
_____.

(5) あなたはケイトを愛していますか。— いいえ、愛していません。
Do you love Kate? —(, / don't / no / I).
_____.

Q3 次の文の下線部を英語になおしなさい。　(10点×5＝50点)

(1) あなたはケーキを作りますか。— はい、作ります。
Do you make cakes? _____

(2) あなたは人形を持っていますか。— いいえ、持っていません。
Do you have a doll? _____

(3) あなたはドラマを見ますか。— はい、見ます。
Do you watch dramas? _____

(4) あなたはケイトを手伝いますか。— いいえ、手伝いません。
Do you help Kate? _____

(5) あなたはトムを愛していますか。— いいえ、愛していません。
Do you love Tom? _____

セクション 16

I [You] don't play 〜. （否定文）

⭐ 一般動詞の否定文「〜しません」の作り方を学習しましょう。一般動詞の前に do not を置いて〈do not ＋一般動詞〉の語順にします。do not は don't という短縮形を用いることもあります。

I　　　　know that boy.（私はあの少年を知っています）
I **do not know** that boy.（私はあの少年を知りません）
You　　　play soccer.（あなたはサッカーをします）
You **don't play** soccer.（あなたはサッカーをしません）

Q1 次の文の（ ）内の正しいほうを選び，○で囲みなさい。　　　（4点×5＝20点）

☐ (1) 私はサッカーが好きではありません。
　　 I (do not like / am not like) soccer.

☐ (2) 私は英語を話しません。
　　 I (not do speak / do not speak) English.

☐ (3) あなたはコンピューターを使いません。
　　 You (do not use / not use) a computer.

☐ (4) 私はジムを知りません。
　　 I (don't know / know don't) Jim.

☐ (5) あなたは中国語を勉強しません。
　　 You (aren't study / don't study) Chinese.

Q2 次の日本文に合うように，（ ）内の語句を並べかえなさい。　　　（6点×5＝30点）

☐ (1) 私は韓国語を勉強しません。
　　 (study / I / do / Korean / not).

☐ (2) 私はケイトを知りません。
(do / Kate / I / not / know).

_____ .

☐ (3) あなたはフランス語を話しません。
(don't / speak / you / French).

_____ .

☐ (4) 私は野球が好きではありません。
(like / don't / baseball / I).

_____ .

☐ (5) あなたはバイオリンを演奏しません。
(violin / you / play / the / don't).

_____ .

Q3 次の日本文を英語になおしなさい。　　　　(10点×5＝50点)

☐ (1) 私はサッカーをしません。

_____

☐ (2) あなたは韓国語を話しません。

_____

☐ (3) 私は英語を勉強しません。

_____

☐ (4) あなたはケイトを知りません。

_____

☐ (5) あなたは野球が好きではありません。

_____

be 動詞の否定文と一般動詞の否定文

be 動詞の否定文と混同しないように注意しましょう。

〔be 動詞の否定文〕　is / are / am のあとに not を置く。
　　I **am not** a student.　（私は学生ではありません）

〔一般動詞の否定文〕　do not を一般動詞の前に置く。
　　I **do not** [**don't**] speak Chinese.　（私は中国語を話しません）

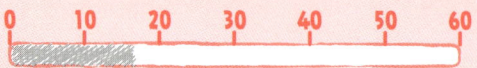

セクション 17

He likes 〜. と She likes 〜.

答え→別冊 p.7

> ⭐ 主語が I と You 以外の he，she などが主語になった場合，一般動詞に s をつけるというルールがあります。例えば，He「彼は」が主語の場合，一般動詞の like に s をつけて likes という形にします。
>
>   He **likes** bananas.（彼はバナナが好きです）
>
> この s のことを英語では「3人称単数現在の s」，または「3単現の s」といいます。ここでは like「〜を好む，〜が好きだ」を用いて練習しましょう。

Q1 次の文の( )内の正しいほうを選び，○で囲みなさい。　　　(4点×5＝20点)

☐ (1) 彼はサッカーが好きです。
　　　He (like / likes) soccer.

☐ (2) 彼は英語が好きです。
　　　He (likes / like) English.

☐ (3) 彼女はトムが好きです。
　　　She (like / likes) Tom.

☐ (4) 彼は野球が好きです。
　　　He (likes / like) baseball.

☐ (5) 彼女は数学が好きです。
　　　She (like / likes) math.

Q2 次の日本文に合うように，( )内の語句を並べかえなさい。　　　(6点×5＝30点)

☐ (1) 彼はテニスが好きです。(likes / he / tennis).

- (2) 彼は科学が好きです。(science / he / likes).

　　_____.

- (3) 彼女はバレーボールが好きです。(she / volleyball / likes).

　　_____.

- (4) 彼はメアリーが好きです。(Mary / he / likes).

　　_____.

- (5) 彼女は韓国が好きです。(likes / Korea / she).　　　　Korea「韓国」

　　_____.

Q3 次の日本文を英語になおしなさい。 (10点×5＝50点)

- (1) 彼は数学が好きです。

　　_____

- (2) 彼女は英語が好きです。

　　_____

- (3) 彼はバレーボールが好きです。

　　_____

- (4) 彼女はテニスが好きです。

　　_____

- (5) 彼は韓国が好きです。

　　_____

覚えておくポイント　1人称・2人称・3人称

英語では話をする場合，話をしている自分と，その話し相手，そして直接の話し相手でない第3者にわけて考えます。

1人称…話している自分(I)や自分たち(we)
2人称…話している相手(you)
3人称…自分や話し相手以外の人やもの(he, she, Ken, Mary, the dog など)

セクション 18

He plays 〜. と She plays 〜.

> ☆ 一般動詞に s をつけるかどうかは主語によって決まることは学習しました。前のセクションでは主語が He や She の場合を練習しましたが，ここではそれ以外の the dog「その犬」や that boy「あの少年」，Ken「ケン」や Jane「ジェーン」などの名前が主語の文を練習しましょう。**主語が I と you 以外の単数名詞ならば**，すべてがこのルールにあてはまります。
>
> My brother **plays** soccer.（私の兄〔弟〕はサッカーをします）
> Kate **plays** the flute.（ケイトはフルートを吹きます）

Q1 次の文の（ ）内の正しいほうを選び，○で囲みなさい。　　（4点×5＝20点）

(1) 私の兄はテニスをします。
My brother (play / plays) tennis.

(2) その男性はバイオリンを弾きます。
The man (plays / play) the violin.

(3) その少女はトランペットを吹きます。
The girl (play / plays) the trumpet.

(4) こちらの女性はオルガンを弾きます。
This woman (plays / play / likes) the organ.

(5) ジェーンはバスケットボールをします。
Jane (play / likes / plays) basketball.

Q2 次の日本文に合うように，（ ）内の語句を並べかえなさい。　　（6点×5＝30点）

(1) ケンは野球をします。(baseball / Ken / plays).

☐ (2) その少年はドラムをたたきます。
(the / the / drums / plays / boy).

_____.

☐ (3) 私の母はギターを弾きます。
(plays / the / my mother / guitar).

_____.

☐ (4) この生徒はラグビーをします。
(student / rugby / plays / this).

_____.

☐ (5) ユキはバレーボールをします。
(Yuki / volleyball / plays).

_____.

Q3 次の日本文を英語になおしなさい。　　　　　　　　　　　　（10点×5＝50点）

☐ (1) ビル(Bill)はギターを弾きます。

_____

☐ (2) あの少年はバスケットボールをします。

_____

☐ (3) 私の妹はオルガンを弾きます。

_____

☐ (4) 私の兄はトランペットを吹きます。

_____

☐ (5) この生徒はテニスをします。

_____

覚えておくポイント　主語と動詞の形

1人称	**I** [We]	
2人称	**You**	**play** tennis.
3人称複数	**They**	
3人称単数	**He** [She]	**plays** tennis.

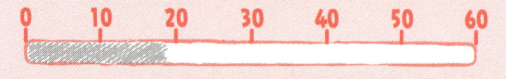

セクション19

3人称単数のsのつけ方 ①

★ play 以外のさまざまな動詞を用いて，3人称単数現在(3単現)のsをつける練習をしましょう。ふつうは語の終わりにsをつけます。

help → help**s**　　know → know**s**
love → love**s**　　make → make**s**
speak → speak**s**　　write → write**s**

Q1 次の文の( )内の正しいほうを選び，○で囲みなさい。 (4点×5＝20点)

(1) メアリーはケーキを作ります。
　　Mary (make / makes) cakes.

(2) 彼はジムを手伝います。
　　He (help / helps) Jim.

(3) その女性は手紙を書きます。
　　The woman (writes / write) a letter.

(4) この男性はメアリーを愛しています。
　　This man (love / loves) Mary.

(5) あの少女はトムを知っています。
　　That girl (know / knows) Tom.

Q2 次の日本文に合うように，（　）内の語句を並べかえなさい。　(6点×5＝30点)

(1) 彼はEメールを書きます。
　　(e-mail / an / he / writes).
　　_____.

(2) この先生はメアリーを知っています。
　　(teacher / knows / Mary / this).
　　_____.

(3) その女性は夕食を作ります。
　　(woman / makes / dinner / the).
　　_____.

(4) 彼はケイトを愛しています。
　　(he / Kate / loves).
　　_____.

(5) この生徒はあの先生を手伝います。
　　(this / student / teacher / helps / that).
　　_____.

Q3 次の日本文を英語になおしなさい。　(10点×5＝50点)

(1) この女性は手紙を書きます。
　　_____

(2) 彼女は夕食を作ります。
　　_____

(3) あの男性はケイトを知っています。
　　_____

(4) 彼はメアリーを手伝います。
　　_____

(5) ケイトはジムを愛しています。
　　_____

セクション 20

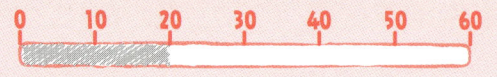

3人称単数のsのつけ方 ②

★ sh や ch で終わっている動詞は，s の代わりに es をつけます。

wash → wash**es**   teach → teach**es**

〈子音字(aiueo 以外)＋y〉で終わっている動詞は，y を i に変えて es をつけます。

cry → cr**ies**   study → stud**ies**

Q1 次の文の( )内の正しいほうを選び，○で囲みなさい。　　　(4点×5＝20点)

☐ (1) その男性はテレビを見ます。
　　The man (watchs / watches) TV.

☐ (2) 彼は自転車を洗います。
　　He (washs / washes) a bike.

☐ (3) その先生は英語を教えます。
　　That teacher (teaches / teachs) English.

☐ (4) 彼は中国語を勉強します。
　　He (studies / studys) Chinese.

☐ (5) メグは中国料理を試します〔食べてみます〕。
　　Meg (trys / tries) Chinese food.

Q2 次の日本文に合うように，（　）内の語句を並べかえなさい。　　(6点×5＝30点)

(1) あの女性は皿を洗います。
(the / dishes / woman / that / washes).

_____.

(2) 彼はフランス語を勉強します。
(he / French / studies).

_____.

(3) 彼女は韓国語を教えます。
(Korean / she / teaches).

_____.

(4) アンは日本料理を試します。
(Japanese / tries / Anne / food).

_____.

(5) 彼女はその試合を見ます。
(the / she / watches / game).

_____.

Q3 次の日本文を英語になおしなさい。　　(10点×5＝50点)

(1) あの先生はフランス語を教えます。

_____

(2) この少年は英語を勉強します。

_____

(3) 彼女は韓国料理(Korean food)を試します。

_____

(4) あの男性はその試合を見ます。

_____

(5) 私の兄は自転車を洗います。

_____

セクション 21

3人称単数のsのつけ方 ③

☆ have「持つ」や go「行く」はとても大切な一般動詞ですが，3単現のsのつけ方が特殊です。この2つは，ルールにあてはまらない動詞として覚えておきましょう。
have は **has** に，go は **goes** になります。

You **have** two cats.（あなたは2匹のネコを飼っています）
Ken **has** a dog.（ケンは犬を飼っています）
I **go** to church on Sundays.（私は日曜日に教会に行きます）
My sister **goes** to church on Sundays.
（私の姉〔妹〕は日曜日に教会に行きます）

Q1 次の文の（ ）内の正しいほうを選び，○で囲みなさい。　　（4点×5＝20点）

(1) あの女性はペンを持っています。
That woman (have / has) a pen.

(2) 彼は自転車を持っています。
He (has / have) a bike.

(3) 彼女は地図を持っています。
She (haves / has / have) a map.

(4) その少年は学校へ行きます。
The boy (go / goes) to school.

(5) この男性は公園へ行きます。
This man (go / gos / goes) to the park.

Q2 次の日本文に合うように、（ ）内の語句を並べかえなさい。 (6点×5＝30点)

(1) その俳優は自動車を持っています。
(the / a car / actor / has).

_____.

(2) 彼はCDを持っています。
(he / a / CD / has).

_____.

(3) その女優は犬を飼っています。
(actress / dog / the / a / has).   actress「女優」

_____.

(4) 彼女は美術館へ行きます。
(she / to / goes / museum / a).

_____.

(5) その先生は駅へ行きます。
(teacher / goes / the station / to / the).

_____.

Q3 次の日本文を英語になおしなさい。 (10点×5＝50点)

(1) 彼は（1枚の）地図を持っています。

_____

(2) その先生は（1本の）ペンを持っています。

_____

(3) 彼女は駅へ行きます。

_____

(4) 彼は公園へ行きます。

_____

(5) この女性は（1匹の）ネコを飼っています。

_____

49

セクション 22

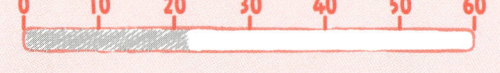

Does he [she] play ～ ？（疑問文）

答え→別冊 p.8

> ★ 3単現のsを用いた動詞の疑問文は**文頭にDoes**を置き，**動詞を元の形〔原形〕**に戻します。
>
> He **plays** tennis every day．（彼は毎日テニスをします）
>
> **Does** he **play** tennis every day**?**（彼は毎日テニスをしますか）

Q1 次の文の（ ）内の正しいほうを選び，○で囲みなさい。　　(4点×5＝20点)

□ (1) デイビッドはフットボールが好きですか。
　　　(Does / Do) David like football?

□ (2) 彼女はケーキを作りますか。
　　　(Does / Is) she make cakes?

□ (3) あなたのお兄さんはジムを助けますか。
　　　(Do / Does) your brother (help / helps) Jim?

□ (4) その少女はピアノを弾きますか。
　　　(Is / Does) the girl (play / plays) the piano?

□ (5) その男性はテレビを見ますか。
　　　(Do / Is / Does) that man (watch / watches) TV?

Q2 次の日本文に合うように，（ ）内の語句を並べかえなさい。　　(6点×5＝30点)

□ (1) あなたのお姉さんは中国語を勉強しますか。
　　　(your sister / does / study / Chinese)?
　　　_____?

□ (2) 彼はペンを持っていますか。
　　　(pen / have / a / does / he)?
　　　_____?

☐ (3) 彼女は手紙を書きますか。
(letters / does / write / she)?

_____?

☐ (4) あの男性はメアリーを愛していますか。
(that / does / Mary / love / man)?

_____?

☐ (5) あの女性はボブを知っていますか。
(that / know / does / woman / Bob)?

_____?

Q3 次の日本文を英語になおしなさい。 (10点×5＝50点)

☐ (1) その少女はケーキを作りますか。

_____

☐ (2) その男性は中国語を勉強しますか。

_____

☐ (3) 彼女はピアノを弾きますか。

_____

☐ (4) 彼はジム(Jim)を知っていますか。

_____

☐ (5) ブラウン氏(Mr. Brown)は車を持っていますか。

_____

覚えておくポイント　you と your～

　主語によって do と does を使い分ける必要があります。主語が your～ のときには注意しましょう。your のあとに単数の名詞がくれば3人称単数です。
　Does your father play tennis?　（あなたのお父さんはテニスをしますか）
　Do you play tennis?　（あなたはテニスをしますか）

セクション 23

Does he [she] play 〜？の答え方

学習日　月　日　制限時間 30分　/100点

答え→別冊 p.9

> ★ 3単現のsを用いた動詞の疑問文に対する答え方を学習しましょう。「はい，〜はします」というときは，〈Yes, 主語＋does.〉，「いいえ，〜はしません」というときは，〈No, 主語＋does not.〉と答えるか，〈No, 主語＋doesn't.〉と短縮形を用います。
>
> **Does** he play the piano?（彼はピアノを弾きますか）
> ー**Yes**, he **does**. / **No**, he **doesn't**.
> 　　（はい，弾きます。／いいえ，弾きません）
>
> Does Mary play tennis? の Mary のように人名が主語になるときは，答えるときには，男性なら he で，女性なら she で答えます。

Q1 次の文の( )内の正しいほうを選び，○で囲みなさい。　　　(4点×5＝20点)

- (1) 彼はサッカーが好きですか。ーいいえ，好きではありません。
   Does he like soccer? ー No, he (does / does not).

- (2) 彼女はケーキを作りますか。ーはい，作ります。
   Does she make cakes? ー Yes, she (is / does).

- (3) あの男性はジムを手伝いますか。ーいいえ，手伝いません。
   Does that man help Jim? ー No, he (does / does not).

- (4) ホワイト氏はピアノを弾きますか。ーはい，弾きます。
   Does Mr. White play the piano? ー Yes, he (do / does).

- (5) この女の子はテレビを見ますか。ーいいえ，見ません。
   Does this girl watch TV? ー No, she (don't / doesn't).

Q2 次の日本文に合うように，（ ）内の語句を並べかえなさい。 (6点×5＝30点)

(1) 彼女は韓国語を勉強しますか。— いいえ，しません。
Does she study Korean? — (no / , / she / not / does).
_____.

(2) ケンは自動車を持っていますか。— はい，持っています。
Does Ken have a car? — (does / he / yes / ,).
_____.

(3) その女性は手紙を書きますか。— いいえ，書きません。
Does the lady write letters? — (no / she / not / does / ,).
_____.

(4) あの男性はメアリーを愛していますか。— はい，愛しています。
Does that man love Mary? — (he / does / , / yes).
_____.

(5) この女性はボブを知っていますか。— いいえ，知りません。
Does this woman know Bob? — (she / no / doesn't / ,).
_____.

Q3 次の日本文の下線部を英語になおしなさい。 (10点×5＝50点)

(1) あなたのお姉さんはケーキを作りますか。— <u>はい，作ります。</u>
Does your sister make cakes? _____

(2) 彼は韓国語を勉強しますか。— <u>いいえ，しません。</u>
Does he study Korean? _____

(3) 彼女はジムを愛していますか。— <u>はい，愛しています。</u>
Does she love Jim? _____

(4) マイクは手紙を書きますか。— <u>いいえ，書きません。</u>
Does Mike write letters? _____

(5) メアリーはサッカーが好きですか。— <u>いいえ，好きではありません。</u>
Does Mary like soccer? _____

セクション 24

He [She] does not play 〜. (否定文)

答え→別冊 p.9

⭐ 3単現のsを用いた動詞の否定文では，一般動詞の前に，**does not** または短縮形の **doesn't** を置きます。一般動詞はもとの形〔原形〕に戻しておくことにも注意しましょう。

He plays soccer after school. (彼は放課後サッカーをします)
He **does not** [**doesn't**] **play** soccer after school.
(彼は放課後サッカーをしません)

Q1 次の文の( )内の正しいほうを選び，○で囲みなさい。 (4点×5=20点)

(1) 彼はサッカーが好きではありません。
He (does not / do not) like soccer.

(2) メアリーはケーキを作りません。
Mary (does not / don't) make cakes.

(3) あの先生はメアリーを手伝いません。
That teacher (is not / does not) help Mary.

(4) 彼女はピアノを弾きません。
She (don't / doesn't) play the piano.

(5) トムはテレビを見ません。
Tom (doesn't / isn't / don't) watch TV.

Q2 次の日本文に合うように，( )内の語句を並べかえなさい。 (6点×5=30点)

(1) ジムは中国語を勉強しません。
(does / study / not / Jim / Chinese).

_____.

(2) 彼はかさを持っていません。
(not / does / he / umbrella / an / have).   umbrella「かさ」

_____.

- ☐ (3) 彼女はジムを愛していません。
  (does / not / Jim / she / love).

  _____.

- ☐ (4) その男性は手紙を書きません。
  (doesn't / write / the / letters / man).

  _____.

- ☐ (5) 彼女は図書館へ行きません。
  (doesn't / to / go / the library / she).

  _____.

Q3 次の日本文を英語になおしなさい。 （10点×5＝50点）

- ☐ (1) メアリーはピアノを弾きません。

  _____

- ☐ (2) トムは中国語を勉強しません。

  _____

- ☐ (3) 彼女は手紙を書きません。

  _____

- ☐ (4) ジムはメアリーを愛していません。

  _____

- ☐ (5) 彼は図書館へ行きません。

  _____

原形とは？

動詞に -s，-es などが何もつかない形を，動詞の元の形＝原形といいます。
is / am / are だけは特別で，原形は be です。

原形	be	like	study
現在形	is / am / are	like / likes	study / studies

セクション 25

代名詞

> ☆ 代名詞とは，Mike，Mary などの名前や my father，this girl など人をさす名詞の代わりに使われる語のことです。
>
> Mike → **he**　　Mary → **she**　　my father → **he**　　this girl → **she**
>
> 代名詞は文のどの部分で使われるかで形が変わります。右ページの表で整理しましょう。

Q1 下線部を代名詞にかえた場合，（　）内の正しいほうを選び，○で囲みなさい。

(4点×5＝20点)

(1) マイクはメアリーをとても愛しています。
　　Mike (It / He) loves Mary very much.

(2) 私はマイクを知っています。
　　I know Mike (his / him).

(3) マイクのお父さんは有名な医者です。
　　Mike's (He's / His) father is a famous doctor.

(4) マイクとケンはとても仲のよい友だちです。
　　Mike and Ken (You / They) are very good friends.

(5) マイクと私はいっしょに野球をします。
　　Mike and I (We / They) play baseball together.

Q2 次の日本文に合うように，（　）内の語句を並べかえなさい。

(6点×5＝30点)

(1) 彼女はあなた方の先生です。(is / your / teacher / she).

　　　　　　　　　　　　　　　　　　　　　　　　　　　　　　．

(2) あれは彼らの学校です。(that / school / is / their).

　　　　　　　　　　　　　　　　　　　　　　　　　　　　　　．

(3) 彼のお兄さんはコックです。(his / is / a cook / brother).

　　　　　　　　　　　　　　　　　　　　　　　　　　　　　　．

☐ (4) 私たちは彼女がとても好きです。
(her / like / we / very) much.

_____ much.

☐ (5) 彼らは中学生です。
(are / students / they / junior high school).

_____.

Q3 次の日本文を英語になおしなさい。 (10点×5＝50点)

☐ (1) 彼女のお父さんは教師です。

_____

☐ (2) あなたがたは中学生です。

_____

☐ (3) これは私たちの家です。

_____

☐ (4) 私は彼らの兄です。

_____

☐ (5) 私たちは彼がとても好きです。

_____

覚えておくポイント 代名詞の格変化の整理

どの部分に使われるかで、形が変わります。

		主格 (〜は, 〜が)	所有格 (〜の)	目的格 (〜を, 〜に)	所有代名詞 (〜のもの)
単数		I	my	me	mine
		you	your	you	yours
		he	his	him	his
		she	her	her	hers
		it	its	it	—
複数		we	our	us	ours
		you	your	you	yours
		they	their	them	theirs

確認テスト 2

出題範囲 → セクション ⑪〜㉕

1 次の（ ）内に入る語句を選び，番号で答えなさい。 （4点×5＝20点）

(1) 彼はサッカーと野球をします。
He （ ） soccer and baseball.
① plays　　② play　　③ plaies

(2) 彼女は毎日英語の勉強をします。
She （ ） English every day.
① study　　② studies　　③ studys

(3) 私の兄はコンピューターを持っていません。
My brother （ ） a computer.
① don't have　　② doesn't have　　③ doesn't has

(4) あなたはこの部屋を使いますか。
（ ） this room?
① Do you use　　② Does you use　　③ Are you use

(5) あの男性は韓国語を話しますか。ーいいえ，話しません。
（ア　） Korean? ー No, （イ　）.
ア ① Do that man speak　　② Are that man speak
　③ Does that man speak
イ ① he aren't　　② he doesn't　　③ he don't

2 次の文を，（ ）内の指示に従って書きかえなさい。 （4点×4＝16点）

(1) You use this bicycle every day. （疑問文にして，yesで答える）

(2) He washes his car every Sunday. （否定文に）

(3) She has a friend in America. （否定文に）

(4) I go to school by bus. （主語をHeにかえて）

3 次の疑問文に対する答えとして最も適するものを下から選び，記号で答えなさい。 (4点×4＝16点)

(1) Do you teach English?　　　　　　　　（　　）
(2) Are you a music teacher?　　　　　　　（　　）
(3) Does that man play the guitar?　　　　（　　）
(4) Is Mary beautiful?　　　　　　　　　　（　　）

［ ア No, I don't.　イ No, he doesn't.　ウ Yes, I am.　エ Yes, she is. ］

4 次の日本文に合うように，（　）内の語句を並べかえなさい。 (6点×4＝24点)

(1) あなたは野球が好きですか。— はい，好きです。
(like / baseball / you / do)? —(I / do / yes / ,).
_____? _____.

(2) 彼は図書館へ行きますか。— いいえ，行きません。
(he / go / the / library / to / does)? —(, / he / no / doesn't).
_____? _____.

(3) 私の父は英語を勉強します。
(English / father / my / studies).
_____.

(4) マイクは車を持っていません。
(car / doesn't / Mike / have / a).
_____.

5 次の日本文を英語になおしなさい。 (6点×4＝24点)

(1) 彼女は韓国(Korea)がとても好きです。
_____

(2) 彼はバイオリンを弾きますか。— いいえ，弾きません。
_____

(3) 私はボブのことが好きではありません。
_____

(4) あの男性は野球をします。
_____

セクション 26 現在進行形

答え→別冊 p.10

> ★「(今)〜しているところです」「〜しています」と，現在何かを行っている最中であることを表す場合は，〈be動詞＋一般動詞のing〉の形にします。be動詞は am / are / is から主語に合わせて選びましょう。
>
> 　　　I **am playing** the piano now.（私は今ピアノを弾いています）
> 　　　He **is playing** soccer.（彼はサッカーをしています）
>
> またこの現在進行形の文は，now「今」といっしょに用いられることが多いです。ここでは play を用いて学習しましょう。

Q1 次の文の（　）内の正しいほうを選び，○で囲みなさい。　　　（4点×5＝20点）

(1) 私は今テニスをしているところです。
　　I (am playing / is playing) tennis now.

(2) 彼は今ギターを弾いているところです。
　　He (is playing / is play) the guitar now.

(3) あなたのお父さんは今野球をしています。
　　Your father (is playing / are playing) baseball now.

(4) 彼のお姉さんは今ドラムをたたいているところです。
　　His sister (playing / is playing) the drums now.

(5) あなたは今バイオリンを弾いているところです。
　　You (are playing / is play / is playing) the violin now.

Q2 次の日本文に合うように，（　）内の語句を並べかえなさい。　　　（6点×5＝30点）

(1) 私は今サッカーをしているところです。
　　(am / I / soccer / playing) now.

　　_____ now.

☐ (2) 私の友だちは今フットボールをしているところです。
(friend / playing / is / football / my) now.

_____ now.

☐ (3) その男性は今バイオリンを弾いているところです。
(the / is / playing / violin / the man) now.

_____ now.

☐ (4) 彼女は今フルートを演奏しているところです。
(is / playing / flute / the / she) now.

_____ now.

☐ (5) 私の母は今オルガンを弾いているところです。
(mother / playing / my / organ / is / the) now.

_____ now.

Q3 次の日本文を英語になおしなさい。　　　　　　　　　　（10点×5＝50点）

☐ (1) 私の姉は今フルートを吹いているところです。

_____

☐ (2) 私の父は今バイオリンを弾いているところです。

_____

☐ (3) あの男性は今フットボールをしているところです。

_____

☐ (4) 彼はテニスをしているところです。

_____

☐ (5) 私はピアノを弾いているところです。

_____

覚えておくポイント 　**進行形にしない動詞**

　現在進行形は「～しています」「～しているところです」の意味ですが,「～を持っている」「～を知っている」の意味の have, know は進行形にはなりません。have や know は状態を表している動詞だからです。ただし, have が「～を食べる」の意味の場合は進行形になります。

　　　（○）　I **know** that man.（私はその男の人を知っています）
　　　（×）　I *am knowing* that man.

セクション27 現在進行形のつくり方 ①

★ 動詞の ing 形のつくり方には3種類あります。たいていの動詞は，動詞のうしろにそのまま ing をつけます。

cook → cook**ing**　　eat → eat**ing**
speak → speak**ing**　　wash → wash**ing**
watch → watch**ing**

Q1 次の文の（ ）内の正しいほうを選び，○で囲みなさい。 (4点×5＝20点)

(1) 私は今英語を勉強しているところです。
I (am studying / studying) English now.

(2) 私の兄は今フランス語を話しているところです。
My brother (is speaking / speaksing) French now.

(3) 彼らは皿を洗っているところです。
They (are washing / washing) the dishes.

(4) 彼のお母さんはテレビを見ているところです。
His mother (is watching / are watching) TV.

(5) 彼女は今昼食を作っているところです。
She (am cooking / is cooking) lunch now.

Q2 次の日本文に合うように，（ ）内の語句を並べかえなさい。 (6点×5＝30点)

(1) 私の母は台所で夕食を作っているところです。
(mother / cooking / dinner / is / my) in the kitchen.
＿＿＿＿＿＿＿＿＿＿＿＿＿＿＿＿＿＿ in the kitchen.

(2) 彼らは今韓国語を話しているところです。
(Korean / they / speaking / are) now.
＿＿＿＿＿＿＿＿＿＿＿＿＿＿＿＿＿＿ now.

☐ (3) あなたのお兄さんは今テレビドラマを見ているところです。
(brother / watching / is / your / TV drama / a) now.

_____ now.

☐ (4) 彼は今自転車を洗っているところです。
(washing / he / a / is / bike) now.

_____ now.

☐ (5) その少年は今歴史を勉強しているところです。
(the / studying / history / is / boy) now.

_____ now.

Q3 次の日本文を英語になおしなさい。　　　　　　　　　　　(10点×5＝50点)

☐ (1) 私の兄は今自転車を洗っているところです。

_____

☐ (2) 私は今フランス語を勉強しているところです。

_____

☐ (3) 彼は今英語を話しているところです。

_____

☐ (4) 私の母は昼食を作っているところです。

_____

☐ (5) 私たちは居間でテレビを見ているところです。

_____

覚えておくポイント　動詞の ing 形

ing 形は必ず動詞の原形につけます。 主語が3人称単数で現在であっても，現在形に ing をつけるとまちがいです。

　　My brother washes his car on Sunday.
　　（私の兄は日曜日に車を洗います）

　（×）　My brother is *washesing* his car now.
　　　　　　　　　washing が正しい

セクション 28
現在進行形のつくり方 ②

> ★ 動詞が e で終わっている動詞は，e を取って ing をつけます。
>
>   make → **mak**ing　　write → **writ**ing　　use → **us**ing
>
> 動詞が〈短母音(発音をするときに短い母音)＋子音字〉で終わる場合は，子音字を重ねて ing をつけます。
>
>   run → **run**n**ing**　　sit → **sit**t**ing**　　swim → **swim**m**ing**

Q1 次の文の( )内の正しいほうを選び，○で囲みなさい。　　(4点×5＝20点)

(1) 私は今ケーキを作っているところです。
　　I (am makeing / am making) a cake now.

(2) 父は今コンピューターを使っているところです。
　　My father (is useing / is using) a computer now.

(3) トムとケンは今手紙を書いているところです。
　　Tom and Ken (are writing / are writeing / is writing) letters now.

(4) その少年は公園を走っているところです。
　　That boy (is runing / is running) in the park now.

(5) 彼女は川で泳いでいるところです。
　　She (is swiming / is swimming / swimming) in the river now.

Q2 次の日本文に合うように，（ ）内の語句を並べかえなさい。　　(6点×5＝30点)

(1) 私たちは今コンピューターを使っているところです。
(using / are / we / computer / a) now.
_____ now.

(2) 彼らは今プールで泳いでいるところです。
(are / swimming / they / in the pool) now.
_____ now.

(3) トムは今(陸上の)トラックを走っているところです。
(Tom / running / on the track / is) now.
_____ now.

(4) その女の子は友達にメールを書いているところです。
(girl / an / e-mail / is / writing / the) to her friend.
_____ to her friend.

(5) メアリーは今人形を作っているところです。
(making / Mary / doll / a / is) now.
_____ now.

Q3 次の日本文を英語になおしなさい。　　(10点×5＝50点)

(1) 私の父は今手紙を書いているところです。

(2) 彼らは川で泳いでいるところです。

(3) 私の母はケーキを作っているところです。

(4) 彼は(陸上の)トラックを走っているところです。

(5) トムは今コンピューターを使っているところです。

セクション29

Are you ～ing?（現在進行形の疑問文）

答え→別冊 p.11

☆ 現在進行形を疑問文にして「～しているところですか」という場合は，be 動詞を文の先頭において〈Be 動詞＋主語＋一般動詞の ing ～?〉にします。be 動詞だけを前に出します。語順に注意して練習してみましょう。

You **are studying** English now.（あなたは英語を勉強しています）

Are you **studying** English now**?**（あなたは今英語を勉強していますか）

Q1 次の文の（ ）内の正しいほうを選び，○で囲みなさい。 (4点×5＝20点)

(1) あなたは今テニスをしているところですか。
　　(Are you playing / Do you playing) tennis now?

(2) 彼の父はフランス語を話しているところですか。
　　(Is his father speaking / Speaking is his father) French?

(3) メアリーは今英語を勉強しているところですか。
　　(Is studying Mary / Is Mary studying) English now?

(4) その男性は辞書を使っているところですか。
　　(Does the man using / Is the man using) a dictionary?

(5) 彼らは今メールを書いているところですか。
　　(Does are they writing / Are they writing) e-mails now?

Q2 次の日本文に合うように，( )内の語句を並べかえなさい。 (6点×5＝30点)

(1) あなたは今数学を勉強しているところですか。
　　(you / are / math / studying) now?
　　_____ now?

(2) 彼女のお父さんは今コンピューターを使っているところですか。
　　(using / her father / is / a / computer) now?
　　_____ now?

(3) 彼女は今歌を書いているところですか。
(writing / song / a / she / is) now?

_____ now?

(4) トムは今サッカーをしているところですか。
(Tom / playing / soccer / is) now?

_____ now?

(5) 彼のお兄さんは今韓国語を話しているところですか。
(his / speaking / is / Korean / brother) now?

_____ now?

Q3 次の日本文を英語になおしなさい。 (10点×5＝50点)

(1) あなたのお父さんは今韓国語を勉強しているところですか。

_____

(2) 彼は今メールを書いているところですか。

_____

(3) その男性は今英語を話しているところですか。

_____

(4) あなたは今コンピューターを使っているところですか。

_____

(5) 彼女は今テニスをしているところですか。

_____

覚えておくポイント｜be動詞の疑問文と現在進行形の疑問文

現在進行形の疑問文は，be動詞の疑問文と基本ルールは同じです。

〔be動詞〕　　He is a soccer player.（彼はサッカー選手です）
　　　　　　　Is he a soccer player?（彼はサッカー選手ですか）
〔現在進行形〕　He is playing soccer.（彼はサッカーをしています）
　　　　　　　Is he **playing** soccer?（彼はサッカーをしているところですか）

セクション30 Are you ～ing? の答え方

> ☆ 現在進行形の疑問文「～しているところですか」に対する答え方を学習しましょう。
> 「はい，～しているところです」は〈**Yes,** 主語＋**be** 動詞**.**〉，「いいえ，～しているところではありません」は〈**No,** 主語＋**be** 動詞＋**not.**〉となります。
> **Are** you **playing** tennis?（あなたはテニスをしているところですか）
> ― **Yes**, I **am**. / **No**, I **am not**.（はい，そうです。／いいえ，ちがいます）

Q1 次の文の( )内の正しいほうを選び，◯で囲みなさい。 (4点×5＝20点)

(1) あなたは今テニスをしているところですか。― はい，そうです。
　　Are you playing tennis now? ― Yes, (I am / I do).

(2) あなたたちは今英語を勉強しているところですか。― いいえ，ちがいます。
　　Are you studying English now? ― No, (you are not / we are not).

(3) 彼は今スペイン語を話しているところですか。― はい，そうです。
　　Is he speaking Spanish now? ― Yes, (he is / I am).

(4) あの男性は今コンピューターを使っているところですか。― いいえ，ちがいます。
　　Is that man using a computer now? ― No, (he isn't / he don't).

(5) メアリーは今手紙を書いているところですか。― いいえ，ちがいます。
　　Is Mary writing a letter now?
　　― No, (she doesn't / she isn't / she don't).

Q2 次の日本文に合うように，( )内の語句を並べかえなさい。 (6点×5＝30点)

(1) あなたは今数学を勉強しているところですか。― いいえ，ちがいます。
　　Are you studying math now? ―(no / , / I / not / am).

(2) トムは今コンピューターを使っているところですか。― はい，そうです。
　　Is Tom using a computer now? ―(is / he / yes / ,).

- (3) あなたの母親は今歌を書いているところですか。—いいえ，ちがいます。
  Is your mother writing a song now? —(not / she / no / is / ,).
  _____.

- (4) 彼らは今サッカーをしているところですか。—いいえ，ちがいます。
  Are they playing soccer now? —(they / no / aren't / ,).
  _____.

- (5) あの女の子は今韓国語を話しているところですか。—はい，そうです。
  Is that girl speaking Korean now? —(, / yes / is / she).
  _____.

Q3 次の日本文の下線部を英語になおしなさい。 (10点×5＝50点)

- (1) あなたは今韓国語を勉強しているところですか。—<u>はい，そうです。</u>
  Are you studying Korean now?
  _____

- (2) トムは今メールを書いているところですか。—<u>いいえ，ちがいます。</u>
  Is Tom writing an e-mail now?
  _____

- (3) その男性は今辞書を使っているところですか。—<u>はい，そうです。</u>
  Is the man using a dictionary now?
  _____

- (4) 彼女は今英語を話しているところですか。—<u>いいえ，ちがいます。</u>
  Is she speaking English now?
  _____

- (5) 彼らは今テニスをしているところですか。—<u>はい，そうです。</u>
  Are they playing tennis now?
  _____

セクション31

I am not ～ing.（現在進行形の否定文）

答え→別冊 p.11

☆ 「～しているところではありません」「～していません」という場合は，be 動詞のあとに not を置き，〈**be 動詞＋not＋一般動詞の ing**〉という形にします。語順に注意して練習しましょう。I'm，You're や He's などの短縮形を使って表現することもできます。

I **am not** [**I'm not**] **studying** English now.
（私は今英語を勉強していません）

Q1 次の文の（　）内の正しいほうを選び，○で囲みなさい。　　（4点×5＝20点）

(1) 私は今テニスをしているところではありません。
I (am not play / am not playing / doesn't playing) tennis now.

(2) 彼らは今英語を勉強しているところではありません。
They (is not studying / not studying / are not studying) English now.

(3) メアリーはケーキを作っているところではありません。
Mary (not making is / is not making) a cake.

(4) 私の兄は今コンピューターを使っているところではありません。
My brother (is not using / not is using / isn't use) a computer now.

(5) 私は今歌を書いているところではありません。
I (am not write / am not writing / don't writing) a song now.

Q2 次の日本文に合うように，（　）内の語句を並べかえなさい。　　（6点×5＝30点）

(1) 彼は今サッカーをしているところではありません。
(he / playing / is / not / soccer) now.

_____ now.

☐ (2) 私はコンピューターを使っているところではありません。
(using / I / am / not / computer / a).

_____.

☐ (3) ベティーは人形を作っているところではありません。
(a / Betty / doll / isn't / making).

_____.

☐ (4) 私は今メールを書いているところではありません。
(writing / I'm / an / e-mail / not) now.

_____ now.

☐ (5) 彼らは今数学を勉強しているところではありません。
(studying / they're / math / not) now.

_____ now.

Q3 次の日本文を英語になおしなさい。 (10点×5＝50点)

☐ (1) 私の兄は今英語を勉強しているところではありません。

_____

☐ (2) 彼女は人形を作っているところではありません。

_____

☐ (3) ベティーは今歌を書いているところではありません。

_____

☐ (4) ボブは今コンピューターを使っているところではありません。

_____

☐ (5) 彼らはサッカーをしているところではありません。

_____

覚えておくポイント　be 動詞の否定文と現在進行形の否定文

現在進行形の否定文は，be 動詞の否定文と基本ルールは同じです。

〔be 動詞〕　　She is a pianist.（彼女はピアニストです）
　　　　　　　She **is not** [**isn't**] a pianist.（彼女はピアニストではありません）
〔現在進行形〕　She is playing the piano.（彼女はピアノを弾いています）
　　　　　　　She **is not** [**isn't**] playing the piano.（彼女はピアノを弾いていません）

セクション 32

助動詞 can

答え→別冊 p.11

> ☆「～できる」の意味を表すときには，一般動詞の前に助動詞の **can** を置きます。助動詞とは動詞の働きを助ける語です。can のあとの動詞は主語が he, she などの3人称単数でも**必ず原形**になります。注意しましょう。
>
> He　　　speaks English.（彼は英語を話します）
>
> He **can speak** English well.（彼は英語を上手に話すことができます）

Q1 次の文の（　）内の正しいほうを選び，○で囲みなさい。　　　（4点×5＝20点）

☐ (1) あなたは上手にサッカーをすることができます。
　　　You (can play / play can) soccer well.

☐ (2) あなたはギターを弾くことができます。
　　　You (play can / can play) the guitar.

☐ (3) 彼は英語で手紙を書くことができます。
　　　He (can write / can writes / cans write) a letter in English.

☐ (4) 彼女は上手に英語を話すことができます。
　　　She (cans speak / can speaks / can speak) English well.

☐ (5) 私の父はコンピューターを使うことができます。
　　　My father (cans uses / can uses / can use) a computer.

Q2 次の日本文に合うように，（　）内の語句を並べかえなさい。　　　（6点×5＝30点）

☐ (1) あなたは上手に泳ぐことができます。
　　　(well / you / can / swim).

(2) エミリーはフランス語を話すことができます。
(Emily / speak / can / French).

_____.

(3) 彼は上手に野球をすることができます。
(play / can / he / well / baseball).

_____.

(4) 彼女はたいへん上手にバイオリンを弾くことができます。
(she / play / can / violin / the / well / very).

_____.

(5) 私の友だちはインターネットを使うことができます。
(the Internet / friend / use / can / my).

_____.

Q3 次の日本文を英語になおしなさい。 (10点×5＝50点)

(1) 彼は上手にサッカーをすることができます。

_____

(2) 私の母は上手にフランス語を話すことができます。

_____

(3) 私はコンピューターを使うことができます。

_____

(4) 私はバイオリンを弾くことができます。

_____

(5) その男性はたいへん上手に泳ぐことができます。

_____

副詞の位置

well は「上手に」という意味の副詞です。問題文のように，ふつうは文末に置かれます。
She can play the piano **well**.
（彼女は上手にピアノを弾くことができます）

セクション 33

Can you ～ ? （疑問文）

> ☆ 「～することができますか」とたずねるときは，**can** を主語の前に置きます。動詞はそのままの位置です。
>
> He **can** **swim** fast. （彼は速く泳げます）
>
> **Can** he **swim** fast? （彼は速く泳げますか）

Q1 次の文の（ ）内の正しいほうを選び，○で囲みなさい。 (4点×5＝20点)

□ (1) あなたはサッカーを上手にすることができますか。
(Can you play / Can play you) soccer well?

□ (2) 彼女はギターを上手に弾くことができますか。
(Can she play / Can she plays) the guitar well?

□ (3) メアリーは英語を上手に話すことができますか。
(Can Mary speak / Can speak Mary) English well?

□ (4) あなたは英語で手紙を書くことができますか。
(Can write you / Can you write) a letter in English?

□ (5) 彼は速く走ることができますか。
(He can runs / Can he run / Can he runs) fast?

Q2 次の日本文に合うように，（　）内の語句を並べかえなさい。　(6点×5＝30点)

(1) あなたはコンピューターを使うことができますか。
(a / computer / use / can / you)?

_____?

(2) あなたはフランス語を上手に話すことができますか。
(speak / French / can / you / well)?

_____?

(3) 彼女はピアノを上手に弾くことができますか。
(well / she / play / can / piano / the)?

_____?

(4) あなたのお兄さんは速く走ることができますか。
(brother / run / your / can / fast)?

_____?

(5) 彼は速く泳ぐことができますか。
(he / can / swim / fast)?

_____?

Q3 次の日本文を英語になおしなさい。　(10点×5＝50点)

(1) あなたは上手に手紙を書くことができますか。

_____

(2) ジャック(Jack)は日本語を話すことができますか。

_____

(3) 彼女は速く走ることができますか。

_____

(4) あなたは速く泳ぐことができますか。

_____

(5) あなたのお父さんはコンピューターを使うことができますか。

_____

セクション34 canの疑問文の答え方

> ☆ 「〜できますか」と can でたずねられたら，can で答えます。do や does は使いません。「はい」のときは〈Yes, 主語＋can.〉，「いいえ」のときは〈No, 主語＋cannot [can't].〉を用います。
>
> Can you speak Chinese well? （あなたは中国語を上手に話せますか）
> ― **Yes**, I **can**. / **No**, I **cannot** [**can't**].
> 　（はい，話せます。/ いいえ，話せません）

Q1 次の文の( )内の正しいほうを選び，○で囲みましょう。　　(4点×5＝20点)

(1) 彼は速く走ることができますか。― はい，できます。
　　Can he run fast? ― Yes, (he does / he can).

(2) ミキは英語を上手に話すことができますか。― いいえ，できません。
　　Can Miki speak English well? ― No, (she can doesn't / she can't).

(3) あなたはサッカーを上手にすることができますか。― いいえ，できません。
　　Can you play soccer well? ― No, (can't I / I can't).

(4) 彼はギターを弾くことができますか。― はい，できます。
　　Can he play the guitar? ― Yes, (he cannot / he can).

(5) あなたは手紙を上手に書くことができますか。― いいえ，書けません。
　　Can you write a letter well? ― No, (you can't / I can't / I don't).

Q2 次の日本文に合うように，( )内の語句を並べかえなさい。　　(6点×5＝30点)

(1) 彼女はピアノを上手に弾くことができますか。― いいえ，できません。
　　Can she play the piano well? ― (she / no / , / cannot).

☐ (2) あなたはコンピューターを使うことができますか。— はい，できます。
Can you use a computer well? —(I / can / yes / ,).

_____.

☐ (3) ケンはフランス語を上手に話すことができますか。— いいえ，できません。
Can Ken speak French well? —(can't / no / , / he).

_____.

☐ (4) あなたのお母さんは速く泳ぐことができますか。— はい，できます。
Can your mother swim fast? —(yes / can / she / ,).

_____.

☐ (5) あなたのお兄さんは速く走ることができますか。— いいえ，できません。
Can your brother run fast? —(, / he / cannot / no).

_____.

Q3 次の日本文の下線部を英語になおしなさい。　　　　(10点×5＝50点)

☐ (1) 彼女は速く走ることができますか。— <u>はい，できます</u>。
Can she run fast?

_____

☐ (2) あなたは速く泳ぐことができますか。— <u>いいえ，できません</u>。
Can you swim fast?

_____

☐ (3) 彼は上手に手紙を書くことができますか。— <u>はい，書けます</u>。
Can he write a letter well?

_____

☐ (4) あなたは上手に英語を話すことができますか。— <u>いいえ，できません</u>。
Can you speak English well?

_____

☐ (5) あなたのお父さんはコンピューターを上手に使うことができますか。— <u>はい，できます</u>。
Can your father use a computer well?

_____

セクション 35

I cannot ～．（否定文）

> ☆「～することができません」と can を用いた文を否定文にするときは，can の後ろに not をつけ cannot という形にします。can と not は離さずに続けて書きましょう。また can't と短縮形にすることもあります。
>
> My father **cannot** [**can't**] play the guitar.
> （私の父はギターを弾くことができません）

Q1 次の文の(　)内の正しいほうを選び，○で囲みなさい。　　（4点×5＝20点）

(1) 私はサッカーを上手にすることができません。
　　I (cannot play / not can play) soccer well.

(2) 私はギターを上手に弾くことができません。
　　I (not can play / cannot play) the guitar well.

(3) 彼は英語で手紙を書くことができません。
　　He (cannot writes / cannot write) a letter in English.

(4) 彼は速く走ることができません。
　　He (can't run / can't runs) fast.

(5) 彼女は速く泳ぐことができません。
　　She (can't swims / can't swim) fast.

Q2 次の日本文に合うように，（　）内の語句を並べかえなさい。　　　（6点×5＝30点）

(1) 私は英語を上手に話すことができません。
(I / well / cannot / speak / English).

_____.

(2) 私の母はコンピューターを使うことができません。
(a / my mother / cannot / use / computer).

_____.

(3) 彼は上手にピアノを弾くことができません。
(the / play / cannot / he / well / piano).

_____.

(4) 彼女は上手にクリケットをすることができません。
(well / play / can't / she / cricket).

_____.

(5) あなたは速く走ることができません。
(fast / can't / you / run).

_____.

Q3 次の日本文を英語になおしなさい。　　　（10点×5＝50点）

(1) 彼は上手に踊る(dance)ことができません。

_____

(2) 彼女はコンピューターを使うことができません。

_____

(3) 彼女は英語をうまく話すことができません。

_____

(4) 私は英語の歌をうたう(sing)ことができません。

_____

(5) 彼は速く泳ぐことができません。

_____

確認テスト 3

出題範囲 → セクション 26 ～ 35

答え→別冊 p.13

1 次の文の( )に，[ ]の語を正しい形にして入れなさい。 (4点×5＝20点)

(1) He is (　　　　) math now.　　　　　[study]

(2) My mother is (　　　　) a cake.　　　[make]

(3) Robert is (　　　　) with Mr. Smith.　[talk]

(4) I am (　　　　) this room.　　　　　　[use]

(5) They are (　　　　) in the river.　　　[swim]

2 次の文を，( )内の指示に従って書きかえなさい。 (4点×5＝20点)

(1) I'm reading a book. （否定文に）

(2) We are cleaning the classroom now. （否定文に）

(3) John can play the guitar very well. （疑問文にして，no で答える）

(4) Susan watches a baseball game. （現在進行形の文に）

(5) Do you write a letter to her?
（文末に now を加えて現在進行形の疑問文に）

3 次の文の( )内に入れる適当な語を選び，番号で答えなさい。 (4点×4＝16点)

(1) Mike can (　　) the guitar well.
　① play　　② plays　　③ playing

(2) I am (　　) a book now.
　① reads　　② read　　③ reading

(3) (　　) your father like music?
　① Does　　② Do　　③ Is

(4) My brothers (　　) English very well.
　① speaks　② speaking　③ speak

4 次の日本文に合うように，(　)内の語句を並べかえなさい。　　　(5点×4＝20点)

(1) 彼は公園で写真を撮っています。
　(is / pictures / he / taking) in the park.
　_____ in the park.

(2) 彼らは今，夕食を食べていません。
　(they / now / dinner / eating / are / not).
　_____.

(3) メアリーは今図書館で働いているのですか。―はい，働いています。
　(Mary / working / a library / at / is / now)?―(is / she / yes / ,).
　_____? _____.

(4) あなたは今，先生を手伝っているところですか。―いいえ，手伝っていません。
　(are / helping / your teacher / you / now)?―(no / I'm / not / ,).
　_____? _____.

5 次の日本文を英語になおしなさい。　　　(6点×4＝24点)

(1) 私は今音楽を聞いています。
　_____

(2) 私の姉は今宿題をしていません。
　_____

(3) あなたは今，昼食を食べているところですか。
　_____

(4) 私の母親は上手に車を運転することができません。
　_____

セクション 36

I played ～．（一般動詞の過去形）

答え→別冊 p.13

> ☆ 一般動詞を使って「～しました」と過去の出来事をいう場合は，**一般動詞に ed** をつけて表します。ここでは play を使って練習してみましょう。
>
> I play the piano every day.（私は毎日ピアノを弾きます）
>
> I **played** the piano yesterday.（私は昨日ピアノを弾きました）

Q1 次の文の（ ）内の正しいほうを選び，○で囲みなさい。　　（4点×5＝20点）

☐ (1) 私は昨日テニスをしました。
　　I (played / play) tennis yesterday.

☐ (2) メアリーは昨晩ピアノを弾きました。
　　Mary (plays / played) the piano last night.

☐ (3) 私の兄は昨日ドラムをたたきました。
　　My brother (plays / played) the drums yesterday.

☐ (4) 彼らは先週バスケットボールをしました。
　　They (played / plays) basketball last week.

☐ (5) 私たちは昨日バイオリンを弾きました。
　　We (played / play) the violin yesterday.

Q2 次の日本文に合うように，（ ）内の語句を並べかえなさい。　　（6点×5＝30点）

☐ (1) 私は昨日野球をしました。
　　(played / I / baseball) yesterday.
　　_____ yesterday.

☐ (2) トムは昨日トランペットを吹きました。
　　(played / Tom / trumpet / the) yesterday.
　　_____ yesterday.

- (3) 彼らは昨日バレーボールをしました。
  (volleyball / they / played) yesterday.
  _____ yesterday.

- (4) 私たちは先週柔道をしました。
  (we / *judo* / did) last week.
  _____ last week.

- (5) その生徒たちは昨日フットボールをしました。
  (played / football / the students) yesterday.
  _____ yesterday.

Q3 次の日本文を英語になおしなさい。 (10点×5＝50点)

- (1) 私たちは先週バレーボールをしました。
  _____

- (2) 彼女は昨日バイオリンを弾きました。
  _____

- (3) その生徒たちは昨日バスケットボールをしました。
  _____

- (4) その少年たちは昨日野球をしました。
  _____

- (5) メアリーは昨晩トランペットを吹きました。
  _____

覚えておくポイント：主語＋動詞の過去形

過去形は主語によって，動詞の形が変わることはありません。

I （私は）	
He （彼は）	
She （彼女は）	**played** the piano yesterday. （昨日ピアノをひきました）
We （私たちは）	
They （彼〔女〕らは）	

セクション37

一般動詞の過去形 ed のつけ方①

答え→別冊 p.13

★ play の他にも，よく使われる動詞を用いた過去形の練習をしてみましょう。

call → call**ed**　　enjoy → enjoy**ed**
help → help**ed**　　watch → watch**ed**

Q1 次の文の( )内の正しいほうを選び，○で囲みなさい。　　（4点×5＝20点）

(1) 私は昨晩テレビを見ました。
I (watch / watched) TV last night.

(2) 私の父は先週車を洗いました。
My father (wash / washed) the car last week.

(3) 彼は先月メアリーを手伝いました。
He (helped / helps) Mary last month.

(4) 彼らは3日前パーティーを楽しみました。
They (enjoyed / enjoys) the party three days ago.

(5) ボブは5日前ジムに電話をしました。
Bob (call / called) Jim five days ago.

Q2 次の日本文に合うように，( )内の語句を並べかえなさい。　　（6点×5＝30点）

(1) 私の母は昨日ドラマを見ました。
(watched / a / my mother / drama) yesterday.
_____ yesterday.

(2) 私の妹は昨晩皿を洗いました。
(sister / washed / dishes / my / the) last night.
_____ last night.

(3) 彼女は先週ボブを手伝いました。
(she / Bob / helped) last week.

_____ last week.

(4) 私たちは先月野球の試合を楽しみました。
(enjoyed / we / baseball / the / game) last month.

_____ last month.

(5) 彼は昨日トムに電話をしました。
(called / he / Tom) yesterday.

_____ yesterday.

Q3 次の日本文を英語になおしなさい。 (10点×5＝50点)

(1) その少年は先月メアリーを手伝いました。

_____

(2) 私は昨晩ボブに電話をしました。

_____

(3) 彼は先週パーティーを楽しみました。

_____

(4) 彼の父親は4日前に車を洗いました。

_____

(5) 私たちは先週野球の試合を楽しみました。

_____

過去を表す語句

yesterday「昨日」の他に，過去形と一緒に使われる語句を覚えましょう。
- **last ~**「この前の，昨～」
  last night「昨晩」　　last week「先週」
  last month「先月」　　last year「昨年」　など
- **~ ago**「～前」
  three days ago「3日前」　　five weeks ago「5週間前」
  two months ago「2か月前」　four years ago「4年前」　など

セクション 38

一般動詞の過去形 ed のつけ方②

答え→別冊 p.14

> ★ e で終わっている動詞は，語の終わりに d だけをつけます。
>   like → **liked**   smile → **smiled**
> 〈子音字＋y〉で終わっている動詞は，y を i にかえてから ed をつけます。
>   cry → **cried**   study → **studied**

Q1 次の文の( )内の正しいほうを選び，○で囲みなさい。 (4点×5＝20点)

(1) 私は英語が大好きでした。
   I (liked / like) English very much.

(2) 彼は昔メアリーを愛していました。
   He (loves / loved) Mary long ago.

(3) 彼の父は1週間前にそのペンを使いました。
   His father (used / uses) the pen a week ago.

(4) 彼らは3年前に歴史を勉強しました。
   They (studied / studyed) history three years ago.

(5) 私たちは昨晩日本食を試し〔食べてみ〕ました。
   We (tryed / tried) Japanese food last night.

Q2 次の日本文に合うように，（　）内の語句を並べかえなさい。　(6点×5＝30点)

(1) 私は昔ジムを愛していました。
(I / Jim / loved / ago / long).

(2) 彼は昔ペンを使っていました。
(a / he / used / ago / long / pen).

(3) 彼らは昔数学が好きでした。
(they / math / liked / long / ago).

(4) 私たちは3年前理科を勉強しました。
(we / science / studied / years / three / ago).

(5) その女の子は昨晩泣きました。
(the / cried / last / girl / night).

Q3 次の日本文を英語になおしなさい。　(10点×5＝50点)

(1) 私は昔メアリーを愛していました。

(2) 私たちは昔英語が好きでした。

(3) 彼のお父さんは昔ペンを使いました。

(4) メアリーは昨晩泣きました。

(5) 彼らは2年前歴史を勉強しました。

セクション 39

一般動詞の過去形 不規則動詞

☆ 一般動詞の過去形には，ed をつけないで不規則に変化するものがあります。ここでは頻出する不規則動詞を覚えましょう。

eat → **ate**　　　go → **went**　　　give → **gave**
have → **had**　　meet → **met**　　see → **saw**
speak → **spoke**　write → **wrote**

Q1 次の文の( )内の正しいほうを選び，○で囲みなさい。　(4点×5＝20点)

(1) 私は昨日その男性に会いました。
　I (met / meeted) the man yesterday.

(2) 彼は昨日図書館へ行きました。
　He (went / goed) to the library yesterday.

(3) 彼のお父さんは先週英語を話しました。
　His father (spoke / speaked) English last week.

(4) 彼は先週彼の弟にペンをあげました。
　He (gave / gived) his brother a pen last week.

(5) 私たちは昼食にリンゴをいくつか食べました。
　We (eat / ate / eated) some apples for lunch.

Q2 次の日本文に合うように，（　）内の語句を並べかえなさい。　(6点×5＝30点)

(1) 私は先週の日曜日に何人かの友だちと会いました。
(some / friends / met / I) last Sunday.
_____ last Sunday.

(2) 彼は昨日公園に行きました。
(went / to / he / the park) yesterday.
_____ yesterday.

(3) 私は先週メアリーに手紙を書きました。
(a letter / to / I / Mary / wrote / last) week.
_____ week.

(4) ケイトは先月友だちにプレゼントをあげました。
(Kate / last / a present / her / gave / friend / to) month.
_____ month.

(5) 兄は朝食に納豆を食べました。
(ate / my / for / brother / *natto*) breakfast.
_____ breakfast.

Q3 次の日本文を英語になおしなさい。　(10点×5＝50点)

(1) 私は昨日友だちに会いました。
_____

(2) ケンは昨日の朝公園に行きました。
_____

(3) 彼女は先週彼女のお母さんに手紙を書きました。
_____

(4) 彼は昨日リンゴを1個食べました。
_____

(5) 兄は昨日彼の友だちにプレゼントをあげました。
_____

セクション40

Did you ～? (疑問文)

> ☆ 一般動詞の過去形の疑問文「～は…しましたか」は，Didを文頭に置き〈**Did**＋主語＋動詞の原形～**?**〉の語順にします。**動詞は原形に戻すこと**を忘れないようにしましょう。
>
> You **studied** English last night. (あなたは昨日英語を勉強しました)
>
> **Did** you **study** English last night**?** (あなたは昨日英語を勉強しましたか)

Q1 次の文の(　)内の正しいほうを選び，○で囲みなさい。　　　(4点×5＝20点)

(1) あなたは英語が好きでしたか。
　　(Did you / Do you) like English?

(2) あなたは4日前にコンピューターを使いましたか。
　　(Do you / Did you) use a computer four days ago?

(3) あなたのお兄さんは昔メアリーを愛していましたか。
　　(Did your brother / Does your brother) love Mary long ago?

(4) 彼は1週間前に数学を勉強しましたか。
　　(Did he study / Did study he) math a week ago?

(5) あの女の子は1週間前に泣きましたか。
　　(Did that girl cry / Was that girl cry / Did that girl cried) a week ago?

Q2 次の日本文に合うように，(　)内の語句を並べかえなさい。　　　(6点×5＝30点)

(1) あなたはケイトをとても愛していましたか。
　　(you / love / did / Kate) very much?

　　_____ very much?

☐ (2) あなたは1週間前に国語を勉強しましたか。
(you / study / Japanese / did) a week ago?
_____ a week ago?

☐ (3) あなたは2年前大阪に住んでいましたか。
(you / did / Osaka / in / live) two years ago?
_____ two years ago?

☐ (4) あなたは昨日韓国料理を試しましたか。
(did / try / you / Korean food) yesterday?
_____ yesterday?

☐ (5) あなたは1週間前に自転車を使いましたか。
(you / did / use / bike / a) a week ago?
_____ a week ago?

Q3 次の日本文を英語になおしなさい。 (10点×5＝50点)

☐ (1) あの女の子は国語（Japanese）が好きでしたか。
_____

☐ (2) 彼らは1週間前に英語を勉強しましたか。
_____

☐ (3) 彼は昨年京都に住んでいましたか。
_____

☐ (4) あなたのお母さんは昨晩泣きましたか。
_____

☐ (5) あなたのお父さんは3日前にコンピューターを使いましたか。
_____

覚えておくポイント　Did＋主語＋動詞の原形～？

現在の文では，主語によってDoとDoesを使い分けました。しかし，過去の文では主語に関係なくすべてdidを使います。簡単ですね。

Did you use this bike? （あなたはこの自転車を使いましたか）
Did he use this bike? （彼はこの自転車を使いましたか）

セクション 41

Did you ～？の答え方

☆ 「～は…しましたか」の答え方を学習しましょう。「はい，しました」ならば，〈**Yes, 主語＋did.**〉「いいえ，しませんでした」ならば，〈**No, 主語＋did not.**〉といいます。did not は didn't のように短縮形を使って書くこともできます。

Did you speak English yesterday?（あなたは昨日英語を話しましたか）
— **Yes**, I **did**. / **No**, I **did not** [**didn't**].
（はい，話しました。／いいえ，話しませんでした）

Q1 次の文の（ ）内の正しいほうを選び，○で囲みなさい。 （4点×5＝20点）

(1) あなたは東京に住んでいましたか。— はい，住んでいました。
Did you live in Tokyo? — Yes, I (do / did).

(2) あなたは昨日コンピューターを使いましたか。— いいえ，使いませんでした。
Did you use a computer yesterday? — No, I (did not / do not).

(3) あなたは先週テニスをしましたか。— はい，しました。
Did you play tennis last week? — Yes, (I did / you did).

(4) 彼は1週間前に数学を勉強しましたか。— いいえ，しませんでした。
Did he study math a week ago? — No, (he didn't / he doesn't).

(5) あなたは昨晩泣きましたか。— いいえ，泣きませんでした。
Did you cry last night? — No, (I don't / I didn't / I wasn't).

Q2 次の日本文に合うように，（ ）内の語句を並べかえなさい。 （6点×5＝30点）

(1) 彼は昔ケイトを愛していましたか。— いいえ，愛していませんでした。
Did he love Kate long ago? — (no / , / he / not / did).

☐ (2) あなたのお兄さんは1週間前に国語を勉強しましたか。—はい，しました。
Did your brother study Japanese a week ago?—(yes / , / did / he).

_____.

☐ (3) メアリーはクラシック音楽が好きでしたか。—いいえ，好きではありませんでした。
Did Mary like classical music?—(no / , / she / not / did).
classical music「クラシック音楽」

_____.

☐ (4) あの少年は昨晩，泣いたのですか。—いいえ，泣きませんでした。
Did that boy cry last night?—(he / didn't / no / ,).

_____.

☐ (5) あなたは1週間前に自転車を使いましたか。—はい，使いました。
Did you use a bike a week ago?—(did / I / yes / ,).

_____.

Q3 次の文の下線部を英語になおしなさい。　　　　　　　　　(10点×5＝50点)

☐ (1) あなたは沖縄に住んでいましたか。—<u>はい，住んでいました</u>。
Did you live in Okinawa?

_____

☐ (2) あなたは1週間前にコンピューターを使いましたか。—<u>はい，使いました</u>。
Did you use a computer a week ago?

_____

☐ (3) あなたのお兄さんは先週サッカーをしましたか。—<u>はい，しました</u>。
Did your brother play soccer last week?

_____

☐ (4) メアリーは昨晩，泣いたのですか。—<u>いいえ，泣きませんでした</u>。
Did Mary cry last night?

_____

☐ (5) あなたは1週間前に英語を勉強しましたか。—<u>いいえ，しませんでした</u>。
Did you study English a week ago?

_____

セクション42 I [You] did not 〜.（否定文）

★ 一般動詞の過去形の否定文「〜しませんでした」の作り方を学習しましょう。一般動詞の前に did not を置いて〈**did not＋動詞の原形**〉の語順にします。疑問文と同様に否定文でも，動詞を原形になおすことを頭の中に入れておきましょう。また did not は didn't と短縮形を用いることもあります。

I don't like tennis.（私はテニスが好きではありません）
I **did not** [**didn't**] **like** tennis.（私はテニスが好きではありませんでした）
Ken doesn't play the piano.（ケンはピアノを弾きません）
Ken **did not** [**didn't**] **play** the piano.
（ケンはピアノを弾きませんでした）

Q1 次の文の（　）内の正しいほうを選び，○で囲みなさい。 （4点×5＝20点）

(1) 私の友だちは英語が好きではありませんでした。
My friend (did not like / do not like) English.

(2) 彼女は昨年京都に住んでいませんでした。
She (did not live / did not lived) in Kyoto last year.

(3) 彼女のお父さんは1週間前にコンピューターを使いませんでした。
Her father (didn't use / don't use) a computer a week ago.

(4) 彼らは日本の歴史を勉強しませんでした。
They (didn't studied / didn't study) Japanese history.

(5) トムは昨日泣きませんでした。
Tom (didn't cry / didn't cried) yesterday.

Q2 次の日本文に合うように，（ ）内の語句を並べかえなさい。　(6点×5＝30点)

(1) 私たちは昨晩，英語を勉強しませんでした。
(English / did / study / not / we) last night.
_____ last night.

(2) 私は昔，彼を好きではありませんでした。
(I / did / like / him / not) long ago.
_____ long ago.

(3) 彼らは昨日泣きませんでした。
(didn't / cry / they) yesterday.
_____ yesterday.

(4) 彼は5年前，メアリーを愛していませんでした。
(didn't / love / he / Mary) five years ago.
_____ five years ago.

(5) その男性は昨晩風呂に入りませんでした。
(man / didn't / a / bath / take / the) last night.
_____ last night.

Q3 次の日本文を英語になおしなさい。　(10点×5＝50点)

(1) 彼は昨年京都に住んでいませんでした。

(2) 彼らは昨日歴史を勉強しませんでした。

(3) 私の父は1週間前にコンピューターを使いませんでした。

(4) 私の妹は昨晩，泣きませんでした。

(5) 彼の父は昨日風呂に入りませんでした。

セクション 43

I was ～. と You were ～.

☆ 「～だった」という意味の be 動詞〔is / am / are〕の過去形を学習しましょう。現在形は3種類ありましたが，過去形は was と were の2種類しかありません。am と is の過去形が **was** に，そして are の過去形が **were** になります。

I **was** a student three years ago. （私は3年前は学生でした）

My brother **was** a soccer player.
（私の兄〔弟〕はサッカー選手でした）

You **were** a teacher last year. （あなたは昨年先生でした）

Q1 次の文の（　）内の正しいほうを選び，○で囲みなさい。　　　　　　（4点×5＝20点）

(1) 私は昔先生でした。
　　I (was / am) a teacher long ago.

(2) 彼らは学生でした。
　　They (was / were) students.

(3) あの赤ちゃんはかわいかった。
　　That baby (is / was) cute.

(4) 私のおじは元気でした。
　　My uncle (were / was) fine.

(5) あの女の子たちは美しかった。
　　Those girls (was / were) beautiful.

Q2 次の日本文に合うように，（　）内の語句を並べかえなさい。　　　　　（6点×5＝30点）

(1) 私の父は昔サッカー選手でした。
　　(a / father / soccer player / was / my) long ago.

　　_____ long ago.

(2) 彼は医者でした。(a / doctor / he / was).

　　_____ .

(3) あれは彼女の辞書でした。
(that / her / was / dictionary).

_____.

(4) 彼らは忙しかった。
(busy / they / were).

_____.

(5) 彼の母は美人でした。
(was / mother / beautiful / his).

_____.

Q3 次の日本文を英語になおしなさい。 (10点×5＝50点)

(1) 彼は先生でした。

_____

(2) 彼女は美人でした。

_____

(3) 私たちはサッカー選手でした。

_____

(4) 彼らは若かった。

_____

(5) あの学生たちは忙しかった。

_____

覚えておくポイント：be動詞の過去形

be動詞の過去形を整理しましょう。

主語	現在	過去
I	am	was
he, she, it,	is	was
you, we, they, 複数	are	were

97

セクション 44

be 動詞「～がある」「～がいる」

> ☆ これまで学習した be 動詞〔is / am / are〕は「～です」という意味でしたが，「～がある，～がいる」という意味もあります。この意味の場合は，後ろに**場所を表す語句**がきます。ここでは，現在形と過去形をおさらいしながら，「～がある，いる；～があった，いた」という文を練習しましょう。
>
> 〔現在形〕 My mother **is** in the garden. （母は庭にいます）
> They **are** in the classroom. （彼らは教室にいます）
> 〔過去形〕 I **was** in London last year. （私は昨年はロンドンにいました）
> These books **were** on the table.
> （これらの本はテーブルの上にありました）

Q1 次の文の（ ）内の正しいほうを選び，○で囲みなさい。 （4点×5＝20点）

☐ (1) 彼は公園にいます。
He (is / was) in the park.

☐ (2) 彼女の母は彼女の部屋にいます。
Her mother (was / is) in her room.

☐ (3) トムは教室にいました。
Tom (is / was) in the classroom.

☐ (4) あれらの本はテーブルの上にあります。
Those books (is / was / are) on the table.

☐ (5) この犬はイスの下にいました。
This dog (is / was / were) under the chair.

Q2 次の日本文に合うように，（　）内の語句を並べかえなさい。　(6点×5＝30点)

□ (1) 彼は彼の部屋にいます。
(is / he / his room / in).

□ (2) その女の子はベッドにいます。
(the / on / the girl / is / bed).

□ (3) その生徒たちは教室にいました。
(were / the students / in / classroom / the).

□ (4) 彼らは運動場にいました。
(the / they / on / were / playing field).

□ (5) その犬はイスの上にいました。
(dog / the chair / was / the / on).

Q3 次の日本文を英語になおしなさい。　(10点×5＝50点)

□ (1) そのネコはベッドの上にいました。

□ (2) トムは彼〔自分〕の部屋にいました。

□ (3) それらの本はイスの下にあります。

□ (4) あの本はテーブルの上にありました。

□ (5) その生徒たちは公園にいました。

セクション45

Was [Were] he [you] ～？（疑問文）

> ★ be動詞を使って「～は…でしたか」「～は…にありましたか，いましたか」とたずねる場合は，現在形のbe動詞の場合と同じように，**was / were**を文頭に出します。
>
> His father **was** a tennis player ten years ago.
> （彼のお父さんは10年前にテニス選手でした）
>
> **Was** his father a tennis player ten years ago?
> （彼のお父さんは10年前にテニス選手でしたか）
>
> These notebooks **were** on the desk.
> （これらのノートは机の上にありました）
>
> **Were** these notebooks on the desk?
> （これらのノートは机の上にありましたか）

Q1 次の文の（ ）内の正しいほうを選び，○で囲みなさい。 （4点×5＝20点）

(1) 彼は大工でしたか。
(Was / Is) he a carpenter?

(2) 彼女はこの部屋にいましたか。
(Was / Is) she in this room?

(3) それらの本はテーブルの上にありましたか。
(Were / Was) those books on the table?

(4) あなたたちは幸せでしたか。
(Was / Were) you happy?

(5) あの男性は親切でしたか。
(Were / Was) that man kind?

Q2 次の日本文に合うように、( )内の語句を並べかえなさい。 (6点×5＝30点)

(1) 彼は5年前は有名でしたか。
(he / was / famous) five years ago?
_____ five years ago?

(2) あのかぎは車の中にありましたか。
(that / in / was / key) the car?
_____ the car?

(3) 彼女は教室にいましたか。
(classroom / in / she / was / the)?
_____?

(4) あの女性は美しかったですか。
(was / that / beautiful / woman)?
_____?

(5) ジムは太っていたのですか。
(Jim / was / fat)?　　　　fat「太って」
_____?

Q3 次の日本文を英語になおしなさい。 (10点×5＝50点)

(1) その本はイスの上にありましたか。

(2) あの女性は昔、医者でしたか。

(3) グリーン氏(Mr. Green)は忙しかったですか。

(4) あのかぎはテーブルの上にありましたか。

(5) 彼らは教室にいましたか。

セクション46 Was [Were] he [you] 〜？の答え方

☆ be動詞のある過去の疑問文の答え方は，現在形のbe動詞と形は同じです。「はい」の場合は，〈**Yes, 主語＋was [were].**〉で，「いいえ」であれば，〈**No, 主語＋was [were] not.**〉で答えましょう。またwas notはwasn'tに，were notはweren'tと短縮形を使うことが多いです。

Were you a student last year?（あなたは昨年学生でしたか）
— **Yes**, I **was**. / **No**, I **was not** [**wasn't**].
（はい，学生でした。／いいえ，学生ではありませんでした）

Q1 次の文の（ ）内の正しいほうを選び，○で囲みなさい。 (4点×5＝20点)

(1) トムは医者でしたか。—いいえ，医者ではありませんでした。
　Was Tom a doctor? — No, he (was not / were not).

(2) メアリーは幸せでしたか。—はい，幸せでした。
　Was Mary happy? — Yes, she (were / was).

(3) あなたたちは先生でしたか。—いいえ，先生ではありませんでした。
　Were you teachers? — No, (we weren't / you weren't).

(4) あなたは部屋にいたのですか。—はい，いました。
　Were you in your room? — Yes, (you were / I was).

(5) あの男性は親切でしたか。—いいえ，親切ではありませんでした。
　Was that man kind? — No, (he wasn't / she wasn't).

Q2 次の日本文に合うように，（ ）内の語句を並べかえなさい。 (6点×5＝30点)

(1) トムはコックでしたか。—いいえ，コックではありませんでした。
　Was Tom a cook? — (no / , / he / not / was).

- (2) あなたたちは昔先生でしたか。— はい，先生でした。
Were you teachers long ago? —(were / yes / , / we).

_____.

- (3) そのペンはテーブルの上にありましたか。— いいえ，ありませんでした。
Was the pen on the table? —(it / no / , / wasn't).

_____.

- (4) 生徒たちは元気でしたか。— はい，元気でした。
Were the students fine? —(were / they / yes / ,).

_____.

- (5) あの女性は美しかったですか。— いいえ，美しくはありませんでした。
Was that woman beautiful? —(wasn't / no / , / she).

_____.

Q3 次の文の下線部を英語になおしなさい。 (10点×5＝50点)

- (1) トムは先生でしたか。— いいえ，先生ではありませんでした。
Was Tom a teacher?

_____

- (2) ボブとメアリーは昔，歌手でしたか。— はい，歌手でした。
Were Bob and Mary singers long ago?

_____

- (3) 彼の父は医者でしたか。— いいえ，医者ではありませんでした。
Was his father a doctor?

_____

- (4) あなたはコックでしたか。— はい，コックでした。
Were you a cook?

_____

- (5) あの女性は元気でしたか。— いいえ，元気ではありませんでした。
Was that woman fine?

_____

セクション47

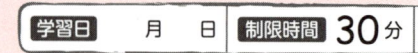

I [You] was [were] not ～.（否定文）

☆ 現在形のbe動詞と同じように，**was**や**were**の後ろに**not**を置くことで「～しませんでした」「～がありませんでした，～がいませんでした」という意味になります。was notはwasn'tに，were notはweren'tという短縮形にすることもできます。

I was　　　　　　 busy yesterday.（私は昨日忙しかった）
I **was not** [**wasn't**] busy yesterday.（私は昨日忙しくはなかった）
You were　　　　　　 in the garden then.（あなたはそのとき庭にいました）
You **were not** [**weren't**] in the garden then.
（あなたはその時庭にいませんでした）

Q1 次の文の（　）内の正しいほうを選び，○で囲みなさい。 （4点×5＝20点）

(1) 彼は医者ではありませんでした。
He (were not / was not) a doctor.

(2) 彼女はこの部屋にいませんでした。
She (was not / not was) in this room.

(3) それらの本はテーブルの上にありませんでした。
Those books (were not / was not) on the table.

(4) 私たちは幸せではありませんでした。
We (wasn't / weren't) happy.

(5) あの男性は親切ではありませんでした。
That man (weren't / wasn't) kind.

Q2 次の日本文に合うように，（ ）内の語句を並べかえなさい。 (6点×5＝30点)

(1) 彼は忙しくありませんでした。
(not / busy / was / he).

_____.

(2) あのかぎはテーブルの上にありませんでした。
(was / that key / on / not) the table.

_____ the table.

(3) 彼らは教室にいませんでした。
(classroom / in / they / weren't / the).

_____.

(4) あの男性は背が高くありませんでした。
(tall / that / wasn't / man).

_____.

(5) トムは太っていませんでした。
(not / was / Tom / fat).

_____.

Q3 次の日本文を英語になおしなさい。 (10点×5＝50点)

(1) その本はテーブルの上にありませんでした。

_____

(2) あの男性はエンジニア(engineer)ではありませんでした。

_____

(3) デイビッド(David)は忙しくありませんでした。

_____

(4) そのネコはイスの上にいませんでした。

_____

(5) これらの生徒は教室にいませんでした。

_____

確認テスト 4

出題範囲 → セクション36～47

答え→別冊 p.16

1 次の文の( )に，[ ]の語を正しい形にして入れなさい。　　(3点×6＝18点)

(1) He (　　　　　) a soccer game yesterday.　　[watch]

(2) My mother (　　　　　) a cake last Sunday.　　[make]

(3) David (　　　　　) with Mr. Smith last night.　　[talk]

(4) We (　　　　　) a meeting last week.　　[have]

(5) They (　　　　　) to Korea last month.　　[go]

(6) She (　　　　　) math in the library last month.　　[study]

2 次の語の下線部の発音が，[d ド]ならア，[t ト]ならイ，[id イド]ならウを入れなさい。

(1) wash<u>ed</u>　(　　)　　(2) studi<u>ed</u>　(　　)　　(2点×6＝12点)

(3) call<u>ed</u>　(　　)　　(4) need<u>ed</u>　(　　)

(5) want<u>ed</u>　(　　)　　(6) watch<u>ed</u>　(　　)

3 次の文を，( )内の指示に従って書きかえなさい。　　(4点×5＝20点)

(1) I go to the park. （文末に yesterday を加えて）

(2) Does he study English? （文末に last night を加えて）

(3) They don't call Mr. Brown. （文末に last week を加えて）

(4) Mike is in the park now. （now を then に変えて）

(5) They aren't busy now. （now を last night に変えて）

4 次の文の( )に適する語を下から選び，過去形にして書きなさい。ただし，同じ語を2度以上使わないこと。　　(3点×6＝18点)

(1) We (　　　　) him to the party.

(2) They (　　　　) soccer in the park.

(3) Yui (　　　　) English very hard.

(4) My brother (　　　　) his friend in London.

(5) We (　　　　) to Hokkaido three years ago.

(6) I (　　　　) a red car.

[play / go / invite / call / have / study]

5 次の日本文に合うように，( )内の語句を並べかえなさい。　　(5点×4＝20点)

(1) 彼は夕食後に音楽を聞きました。
(he / music / to / listened) after dinner.

_____ after dinner.

(2) 私の母は昨晩何もしませんでした。
(mother / do / didn't / my / anything) last night.

_____ last night.

(3) 私の兄は昨晩宿題をしませんでした。
(my / do / brother / didn't / homework / his) last night.

_____ last night.

(4) 彼女は今日の朝，図書館にいました。
(was / she / the / in / this / library) morning.

_____ morning.

6 次の日本文を英語になおしなさい。　　(6点×2＝12点)

(1) 私は昨日彼と話をしませんでした。

_____

(2) 彼女は先週学校へ行きましたか。

_____

107

セクション 48 疑問詞 what ①

★ what は「何」という意味で疑問を表すので，疑問詞と呼ばれます。疑問詞の what は文の先頭に置くことを覚えておきましょう。what を文頭に置いたときは，主語と動詞は疑問文の形になります。

He plays soccer after school.（彼は放課後にサッカーをします）

What does he **play** after school?
（彼は放課後何をしますか）

Q1 次の文の( )内の正しいほうを選び，○で囲みなさい。 (4点×5＝20点)

(1) 昨日あなたは何を食べましたか。
What (did you eat / you ate) yesterday?

(2) あなたのお姉さんは今何をしていますか。
What (is your sister / your sister is) doing now?

(3) あなたのお兄さんは学校で何を勉強していますか。
What (your brother studies / does your brother study) at school?

(4) 彼らは昨日何を作りましたか。
What (did they make / they made) yesterday?

(5) 彼は何を言っていますか。
What (he is saying / is he saying)?

Q2 次の日本文に合うように，( )内の語句を並べかえなさい。 (6点×5＝30点)

(1) 彼は今何を書いているのですか。
What (writing / he / is) now?

What _____ now?

- (2) あなたは昨日何を読みましたか。
  What (read / yesterday / did / you)?
  What _____?

- (3) あなたのお兄さんは昨日何を勉強しましたか。
  What (brother / study / did / your / yesterday)?
  What _____?

- (4) 彼女は日曜日は何をしますか。(does / do / she / what) on Sundays?
  _____ on Sundays?

- (5) トムは手に何を持っていますか。
  (have / what / Tom / does) in his hands?
  _____ in his hands?

Q3 次の日本文を英語になおしなさい。 (10点×5＝50点)

- (1) 彼女は昨日何を作りましたか。

- (2) あなたは今何を読んでいるのですか。

- (3) あなたの妹は何を勉強していますか。

- (4) あなたは昨日何をしましたか。

- (5) あなたは手に何を持っていますか。

覚えておくポイント 〈What＋現在進行形 ～ ?〉など

- **what に現在進行形の疑問文が続く場合**
  〈What＋be動詞＋主語＋動詞の ing 形 ?〉
  What are you doing now?（あなたは今何をしていますか）
- **what に can の疑問文が続く場合**
  〈What can＋主語＋一般動詞 ～ ?〉
  What can you see from this room?（この部屋から何が見えますか）

セクション 49 疑問詞 what ②

★ 〈**What＋名詞 ～?**〉で「どんな～」や「何の～」の意味で使われることがあります。その後ろには、疑問文が続きます。

What animal do you like?（あなたは何の動物が好きですか）
　　what＋名詞

What song can you sing?（あなたは何の歌がうたえますか）
　　what＋名詞

Q1 次の文の（　）内の正しいほうを選び、◯で囲みなさい。 （4点×5＝20点）

(1) あなたの好きなスポーツは何ですか。
　(What sport / Sport what) do you like?

(2) 彼は何の果物を食べていますか。
　(Fruit what / What fruit) is he eating?

(3) メアリーは学校で何の科目を勉強していますか。　　subject「科目」
　(What subject does / What does subject) Mary study in her school?

(4) その少年は何色が好きでしたか。
　(What color did the boy like / What color the boy liked)?

(5) そこで何の事故が起きましたか。　　accident「事故」　happen「起こる」
　(What accident happened / What happened accident) there?

Q2 次の日本文に合うように，（ ）内の語句を並べかえなさい。 (6点×5＝30点)

(1) あなたは何色が好きですか。
What (you / like / do / color)?
What _____?

(2) あなたのお兄さんは昨日どんな果物を食べましたか。
(did / what / fruit / brother / eat / your) yesterday?
_____ yesterday?

(3) ここにはどんな動物がいましたか。
(animal / what / was) here?
_____ here?

(4) あなたのお父さんはどんなスポーツをしますか。
(does / sport / your / father / do / what)?
_____?

(5) 彼は今どんな科目を勉強していますか。
(what / now / studying / subject / he / is)?
_____?

Q3 次の日本文を英語になおしなさい。 (10点×5＝50点)

(1) あなたは何の科目が好きですか。

(2) 昨晩，どんな事故が起こりましたか。

(3) その女の子は何色が好きでしたか。

(4) そこにはどんな動物がいましたか。

(5) 彼は昨日どんな果物を食べましたか。

セクション 50

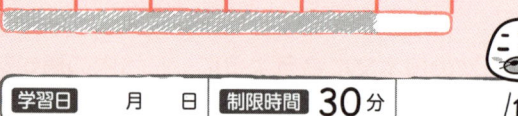

What time 〜 ?

> ★ What time を使って，「何時(に)」という時間をたずねる疑問文を作ることができます。What time の後ろは疑問文になることに注意して練習をしてみましょう。
>
> **What time** is it now?（今何時ですか）
>
> **What time** does your father get up?
> （あなたのお父さんは何時に起きますか）

Q1 次の文の( )内の正しいほうを選び，○で囲みなさい。　　(4点×5＝20点)

(1) 今何時ですか。
   (What time / Time what) is it now?

(2) あなたは何時に起きますか。
   (What time do you / What time you) get up?

(3) メアリーは昨日何時に寝ましたか。
   (What time did / What time does) Mary go to bed yesterday?

(4) 彼らは何時に学校に来ますか。
   (What time do they / What do they time) come to school?

(5) 何時にその事故は起きましたか。
   (What time did the accident / What time the accident did) happen?

Q2 次の日本文に合うように，( )内の語句を並べかえなさい。　　(6点×5＝30点)

(1) 今何時ですか。What (it / is / time / now)?
   What _____?

(2) 彼らは何時に学校に来ましたか。
   What (time / come / did / they) to school?
   What _____ to school?

(3) メアリーは日曜日は何時に起きますか。
(get up / what / does / time / Mary) on Sundays?

_____ on Sundays?

(4) 何時に地震は起きましたか。　　earthquake「地震」
(what / the earthquake / time / happen / did)?

_____?

(5) あなたは昨晩何時に寝ましたか。
(what / go to bed / time / did / night / last / you)?

_____?

Q3 次の日本文を英語になおしなさい。　　(10点×5=50点)

(1) 中国では(in China)今何時ですか。

_____

(2) メアリーは昨晩何時に寝ましたか。

_____

(3) 彼は昨日は何時に学校に来ましたか。

_____

(4) そこでは何時に地震が起きましたか。

_____

(5) あなたは日曜日は何時に起きますか。

_____

What time 〜 ? の答え方

「何時ですか」とたずねられたら，it を主語にして〈It is＋時刻.〉と答えます。
一方，「何時に〜しますか」とたずねられたら，前置詞の at を用いて〈at＋時刻〉とします。

What time is it in New York now?（ニューヨークは今何時ですか）
— **It is** four o'clock.（4時です）
What time do you go to bed?（あなたは何時に寝ますか）
— (I go to bed) **at eleven** o'clock.（11時に寝ます）
　　省略可能

セクション 51 疑問詞 who(m)

☆ who(m) は「だれを，だれに」という意味を表す疑問詞です。what「何を」のときと同じように後ろは疑問文の語順になります。whom は現在ではあまり使われることはなく，who を用いることが多いです。ここでは，各問題に1問だけ whom を出題しています。

Who [Whom] did your father meet yesterday?
（あなたのお父さんは昨日だれに会ったのですか）
— He met my friend. （彼は私の友人に会いました）

Q1 次の文の（　）内の正しいほうを選び，○で囲みなさい。 (4点×5＝20点)

(1) あなたはだれが好きですか。
　　(Who / Who do) you like?

(2) あなたは昨日だれに会ったのですか。
　　(Who did you meet / Who you met) yesterday?

(3) 彼は今だれに英語を教えていますか。
　　(Who is he / Who he is) teaching English now?

(4) 彼女はだれを愛していますか。
　　(Who does / Who do) she love?

(5) あなたのお父さんはだれのことをよく知っているのですか。
　　(Whom does your father know / Whom your father knows) well?

Q2 次の日本文に合うように，（　）内の語句を並べかえなさい。　　　(6点×5＝30点)

(1) 彼はだれのことを愛していますか。
Who (he / does / love)?
Who _____?

(2) あなたはだれに昨晩会ったのですか。
(you / who / did / meet) last night?
_____ last night?

(3) メアリーはだれをよく知っているのですか。
(who / does / know / Mary) well?
_____ well?

(4) あなたのお姉さんはだれに英語を教えたのですか。
(teach / English / did / sister / your / who)?
_____?

(5) 彼らはだれのことが好きなのですか。
(like / whom / they / do)?
_____?

Q3 次の日本文を英語になおしなさい。　　　(10点×5＝50点)

(1) あなたはだれを愛していますか。

(2) あなたのお父さんは昨日だれに会ったのですか。

(3) あなたのお姉さんはだれをよく知っているのですか。

(4) 彼はだれに英語を教えているのですか。

(5) 彼女はだれのことが好きなのですか。(whom を用いて)

セクション 52 疑問詞 who

学習日　月　日　制限時間 30分　/100点

答え→別冊 p.18

☆ who は「だれを，だれに」という意味のほかに，**「だれが」**という意味もあります。「だれが」というのは主語にあたります。「だれが」の who の後ろには動詞を続けます。「だれが」の場合は，whom を使うことができない点に注意しましょう。

　　Who is playing the piano?
　　（だれがピアノを弾いているのですか）
　　— My sister is.（私の姉〔妹〕です）

Q1 次の文の（　）内の正しいほうを選び，○で囲みなさい。　　（4点×5＝20点）

☐ (1) だれが今テレビを見ていますか。
　　(Who is watching / Who watching) TV now?

☐ (2) だれが歌をうたっているのですか。
　　(Who singing / Who is singing) a song?

☐ (3) だれが英語を勉強するのですか。
　　(Who studies / Who does study) English?

☐ (4) だれが昨日図書館にいたのですか。
　　(Who was / Who did) in the library yesterday?

☐ (5) だれがそんなことを言ったのですか。
　　(Who did said / Who said) so?

Q2 次の日本文に合うように，（ ）内の語句を並べかえなさい。 (6点×5＝30点)

(1) だれが今英語の勉強をしているのですか。
(English / is / who / studying) now?

_____ now?

(2) だれが昨日この辞書を使ったのですか。
(used / who / dictionary / this) yesterday?

_____ yesterday?

(3) だれが今映画を見ているのですか。
(is / the movie / who / watching) now?

_____ now?

(4) だれがそう言ったのですか。
(said / so / who)?

_____ ?

(5) だれがあなたのことを好きなのですか。
(likes / you / who)?

_____ ?

Q3 次の日本文を英語になおしなさい。 (10点×5＝50点)

(1) だれがあなたの父親を知っているのですか。

_____

(2) だれが今英語を勉強しているのですか。

_____

(3) だれが公園にいるのですか。

_____

(4) だれが昨晩あなたに会ったのですか。

_____

(5) だれがあなたのお兄さんのことを愛しているのですか。

_____

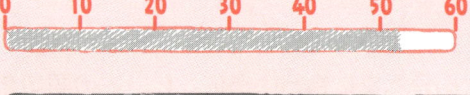

セクション53 疑問詞 whose

★ whose は「だれの」という意味を表す疑問詞です。〈Whose＋名詞 ～?〉で「～はだれの…ですか」となります。また「～はだれのものですか」と whose を単独で使う場合もあります。

Whose bag is this?（これはだれのかばんですか）
　whose＋名詞

Whose is this bag?（このかばんはだれのものですか）

Q1 次の文の（ ）内の正しいほうを選び，○で囲みなさい。　　（4点×5＝20点）

(1) これはだれのペンですか。
　　(Whose pen / Who pen) is this?

(2) あれはだれの辞書ですか。
　　(Whose dictionary is / Whose is dictionary) that?

(3) これらはだれの本ですか。
　　(Whose books / Whose book) are these?

(4) あなたはだれのコンピューターを使ったのですか。
　　(Whose computer did you / Whose computer you) use?

(5) 彼はだれの日記を読んでいるのですか。
　　(Whose diary is he / Who diary he is) reading?

Q2 次の日本文に合うように，（ ）内の語句を並べかえなさい。　（6点×5＝30点）

(1) あれはだれの自転車ですか。Whose (that / bicycle / is)?
　　Whose _____?

(2) これらはだれの車ですか。
　　(are / whose / cars / these)?
　　_____?

(3) あなたはだれのペンを使っているのですか。
(whose / using / you / pen / are)?

_____?

(4) 彼女はだれの辞書を借りましたか。
(dictionary / borrow / whose / she / did)?

_____?

(5) だれの本がおもしろいですか。
(book / interesting / whose / is)?

_____?

Q3 次の日本文を英語になおしなさい。 (10点×5＝50点)

(1) あれらはだれのコンピューターですか。

_____

(2) あれはだれの家ですか。

_____

(3) 彼女はだれの辞書を使っているのですか。

_____

(4) あなたはだれの母親に会いましたか。

_____

(5) だれの話がおもしろいですか。

_____

覚えておくポイント 疑問詞 whose の答え方

〈Whose＋名詞＋be 動詞 ～ ?〉や〈Whose＋be 動詞 ～ ?〉の疑問文は，だれのものかをたずねているので，Yes，No を使わずに「～のものです」と答えます。
　　Whose camera is this? — It's mine[yours]. （私の〔あなたの〕です）
　　　　　　　　　　　　 — It's Jim's. （ジムのです）

セクション 54

How many 〜?

☆ how many は「いくつの」という数を聞くときに用います。〈**How many＋名詞の複数形 〜?**〉の形になるので，how と many をセットにして離さないことと，そのあとに続く名詞は複数形になる点に注意しましょう。

How many sisters do you have?（あなたは何人の姉妹がいますか）
　　　　　　複数形

また〈How many＋名詞の複数形 〜?〉が「いくつの〜が，何人の〜が」と文の主語になることがあることも確認して練習してみましょう。

How many boys are playing soccer?（何人の少年がサッカーをしていますか）

Q1 次の文の( )内の正しいほうを選び，○で囲みなさい。　　　(4点×5＝20点)

(1) あなたは何本ペンを持っていますか。
　　(How many pens / How pens many) do you have?

(2) あなたは何冊の辞書をもらいましたか。
　　(How many dictionaries / How many dictionary) did you get?

(3) 彼女は何人の兄弟がいますか。
　　(How many brothers does / How many brothers do) she have?

(4) 公園では何人の少年が走っていますか。
　　(How many boys is / How many boys are) running in the park?

(5) 何人の訪問者がその庭園に来ましたか。
　　How many (visitors came / did visitors come) to the garden?

Q2 次の日本文に合うように，( )内の語句を並べかえなさい。　　　(6点×5＝30点)

(1) あなたは何冊の本を持っていますか。
　　How many (you / books / do / have)?
　　How many _____?

☐ (2) あなたはいくつの国を知っていますか。
How (do / countries / you / know / many)?

How _____ ?

☐ (3) あなたのお父さんは何台の車を持っていますか。
(cars / have / your / many / father / how / does)?

_____ ?

☐ (4) 何匹の犬が公園を走っていますか。
(in / dogs / how / running / many / are / the) park?

_____ park?

☐ (5) 何人の女の子がここにやってきましたか。
(how / girls / many / came) here?

_____ here?

Q3 次の日本文を英語になおしなさい。　　　　　（10点×5＝50点）

☐ (1) 彼女は何人の姉妹がいますか。
_____

☐ (2) あなたは何匹の犬を飼っていますか。
_____

☐ (3) あなたは昨日，何冊の辞書を使いましたか。
_____

☐ (4) 何人の少年たちが今野球をしていますか。
_____

☐ (5) 何人の訪問者がその寺(temple)に来ましたか。
_____

覚えておくポイント　How many ～？の答え方

　How many ～？は「いくつ」と数をたずねているので，数を答えましょう。数字のあとの名詞は省略してもいいです。また，簡単に数字だけ答えることもできます。
　　How many cats do you have?（あなたは何匹ネコを飼っていますか）
　　― I have two cats.（2匹飼っています）
　　　I have two. / Two.

セクション 55 How much ～ ?

> ☆ how much は「いくらの」という金額をたずねるときに用います。
> **How much** is this hat?（この帽子はいくらですか）
> － It is 2000 yen.（2000円です）

Q1 次の文の（ ）内の正しいほうを選び，○で囲みなさい。 （4点×5＝20点）

(1) あなたはいくら持っていますか。
(How much / Much how) do you have?

(2) あなたはいくら払いましたか。
(How much / How many) did you pay?

(3) 彼はいくら持っていますか。
How much (does / do) he have?

(4) これらのラケットはいくらですか。
How much (is / are) these rackets?

(5) それはいくら（費用が）かかりますか。
How much (does / are) it cost?　　　　cost「（費用が）かかる」

Q2 次の日本文に合うように，（ ）内の語句を並べかえなさい。 （6点×5＝30点）

(1) この辞書はいくらですか。
(dictionary / how / this / much / is)?

_____?

(2) これらのコンピューターはいくらですか。
(these / computers / are / much / how)?

_____?

(3) あなたはポケットにいくら持っていますか。
(do / have / much / you / how / in) your pocket?
_____ your pocket?

(4) トムはこのカメラにいくら払いましたか。
(did / pay / much / how / Tom) for this camera?
_____ for this camera?

(5) 彼女はいくら持っていましたか。
(how / she / much / have / did)?
_____?

Q3 次の日本文を英語になおしなさい。 (10点×5＝50点)

(1) この本はいくらですか。

(2) あれらはいくらですか。

(3) 彼はいくら持っていましたか。

(4) あなたはこのカメラにいくら払いましたか。

(5) 彼女はポケットにいくら持っていますか。

セクション 56

疑問詞 how, How old〜？など

学習日　月　日　制限時間 30分　／100点

答え→別冊 p.19

> ☆ how を単独で用いると「どのように，どうやって」という意味になります。how のあとにはふつうの疑問文が続きます。
> 　また how のあとに，long や tall, far などの形容詞を使って，長さ，身長，距離をたずねることができます。
>
> 　　How tall 〜？　身長　　　　How long 〜？　長さ・期間
> 　　How old 〜？　年齢　　　　How far 〜？　距離

Q1 次の文の（　）内の正しいほうを選び，○で囲みなさい。　　　　（4点×5＝20点）

□ (1) 彼女の身長はどのくらいですか。―1メートル50センチです。
　　（ How tall / How long ）is she?
　　―She is 1 meter 50 centimeters tall.

□ (2) 彼らは何歳ですか。―15歳です。
　　（ How old / How tall ）are they? ―They are 15 years old.

□ (3) あなたはどうやって学校へ行きますか。―自転車で行きます。
　　（ How / What ）do you go to school? ―By bike.

□ (4) ここから駅までどのくらいですか。―約5キロです。
　　（ How far / How long ）is it from here to the station?
　　―About 5 kilometers.

□ (5) あなたはどのくらいの期間日本に滞在するのですか。
　　―1週間です。
　　（ How long / How old ）do you stay in Japan?
　　―For one week.

Q2 次の日本文に合うように，( )内の語句を並べかえなさい。 (6点×5＝30点)

(1) あなたは何歳ですか。
(are / you / how / old)?
_____?

(2) どのようにあなたは英語をマスターしたのですか。
(did / master / how / you / English)?
_____?

(3) 私たちはどのようにそこへ行くことができますか。
(can / how / we / there / go)?
_____?

(4) この果物をどうやって食べるのですか。
(you / do / this / eat / fruit / how)?
_____?

(5) ケンはアメリカにどのくらい滞在するのですか。
(Ken / long / stay / does / how / in) America?
_____ America?

Q3 次の日本文を英語になおしなさい。 (10点×5＝50点)

(1) 彼女はそのとき何歳だったのですか。
_____

(2) あなたの家から図書館まではどれくらいの距離ですか。
_____

(3) 彼の身長はどれくらいですか。
_____

(4) 彼らはどれくらいの期間そこに滞在したのですか。
_____

(5) どのように彼は学校へ行きますか。
_____

セクション57 疑問詞 where

> ★ where は「どこ」という場所を聞くときに用いる疑問詞です。
> **Where are** your brothers?（あなたのお兄さんたちはどこにいますか）
> ― They are in their room.（彼らの部屋にいます）

Q1 次の文の（ ）内の正しいほうを選び，○で囲みなさい。　　(4点×5＝20点)

(1) 彼女はどこにいますか。
　　(Where is / Where does) she?

(2) あなたはどこに行くのですか。
　　(Where are / Where do) you going?

(3) そのとき彼らはどこにいましたか。
　　Where (were they / did they) at that time?

(4) 彼らは昨日どこに行きましたか。
　　Where (did they go / they went / did they went) yesterday?

(5) 彼女はこのケーキをどこで手に入れましたか。
　　Where (she got / did she get / did she got) this cake?

Q2 次の日本文に合うように，（ ）内の語句を並べかえなさい。　　(6点×5＝30点)

(1) その犬はどこにいましたか。
　　(the / where / was / dog)?
　　_____?

(2) 彼らはどこで勉強をしていますか。
　　(they / studying / are / where)?
　　_____?

- (3) 彼らはどこでそれらの本を買いましたか。
  (those / did / where / books / they / buy)?

  _____?

- (4) あなたはどこに行くところですか。
  (are / you / going / where)?

  _____?

- (5) あなたのお父さんはどこで働いていますか。
  (where / father / your / does / work)?

  _____?

Q3 次の日本文を英語になおしなさい。 (10点×5＝50点)

- (1) 彼女はどこにいましたか。

- (2) 彼らは今どこで野球をしていますか。

- (3) 彼はどこに行くところですか。

- (4) あなたのお兄さんはどこで働いていますか。

- (5) あなたはどこでこの本を買いましたか。

覚えておくポイント　Where ～？の答え方

Where ～？は「どこに」と場所をたずねているので、〈主語＋動詞＋場所を表す語句〉で答えます。
　Where was the key?（かぎはどこにありましたか）
　— It was on my desk.（私の机の上にありました）

セクション58
疑問詞 when

★ when は「いつ」という時を聞くときに用いる疑問詞です。What time が時刻を聞くのに対して，when はもう少し広い範囲の時をたずねるときに用います。

When is your birthday?（あなたの誕生日はいつですか）
— It is April 1.（4月1日です）

Q1 次の文の( )内の正しいほうを選び，○で囲みなさい。　　　(4点×5＝20点)

(1) 彼の誕生日はいつですか。
(When is / Where is) his birthday?

(2) あなたがたの結婚記念日はいつですか。　　wedding anniversary「結婚記念日」
When (is / do) your wedding anniversary?

(3) 彼らはいつ仕事を始めたのですか。
When (were they / did they) start their jobs?

(4) 彼らはいつアメリカに行ったのですか。
When (did they go / they went) to the U.S.?

(5) 彼女はいつこのコンピューターを手に入れたのですか。
When (she got / did she get) this computer?

Q2 次の日本文に合うように，( )内の語句を並べかえなさい。　　(6点×5＝30点)

(1) あなたのお姉さんの誕生日はいつですか。
(is / birthday / when / your sister's)?

_____?

(2) 卒業式はいつですか。　　graduation ceremony「卒業式」
(is / the / graduation ceremony / when)?

_____?

☐ (3) 彼らはいつイギリスに行ったのですか。
(England / they / did / when / to / go)?

_____?

☐ (4) いつあなたの学校は始まりますか。
(does / your / when / school / begin)?

_____?

☐ (5) 日本では，いつ春はやってきますか。
(when / spring / come / does) in Japan?

_____ in Japan?

Q3 次の日本文を英語になおしなさい。　　　　　　　　　（10点×5＝50点）

☐ (1) 彼女の誕生日はいつですか。

_____

☐ (2) 彼らの結婚記念日はいつですか。

_____

☐ (3) あの男性はいつイギリスに行ったのですか。

_____

☐ (4) 彼女はいつあの本を手に入れたのですか。

_____

☐ (5) あなたはいつ仕事を始めたのですか。

_____

セクション59 疑問詞 why

> ⭐ why は「なぜ」と理由や目的をたずねるときに用いる疑問詞です。why のあとにはふつうの疑問文が続きます。
>
> **Why** did you go to the party?
> (なぜあなたはパーティーに行ったのですか)

Q1 次の文の( )内の正しいほうを選び, ○で囲みなさい。　(4点×5＝20点)

(1) なぜあなたは公園にいたのですか。
　　(Why were / Where were) you in the park?

(2) なぜあなたは英語を勉強するのですか。
　　(How / Why) do you study English?

(3) なぜ彼らは泣いているのですか。
　　Why (are they / did they) crying?

(4) なぜ彼女はイギリスに行ったのですか。
　　(When / Why) did she go to England?

(5) なぜケイトはこのカードを手に入れたのですか。
　　Why (Kate got / did Kate get) this card?

Q2 次の日本文に合うように, ( )内の語句を並べかえなさい。　(6点×5＝30点)

(1) なぜあの少年はそこに立っているのですか。
　　(boy / that / is / why / standing) there?
　　_____ there?

(2) なぜあなたたちは韓国語を勉強するのですか。
　　(you / Korean / do / why / study)?
　　_____ ?

- (3) なぜあの女性はパリへ行ったのですか。
  (that / did / why / to / woman / go) Paris?

  _____ Paris?

- (4) なぜ今あの犬はほえているのですか。
  (why / barking / dog / that / is) now?

  _____ now?

- (5) なぜあの生徒たちは図書館にいるのですか。
  (those / why / in / are / students) the library?

  _____ the library?

Q3 次の日本文を英語になおしなさい。 （10点×5＝50点）

- (1) なぜあの男性は公園にいるのですか。

- (2) なぜあなたたちは英語を勉強するのですか。

- (3) なぜ彼はこの自転車を買ったのですか。

- (4) なぜメアリーは泣いているのですか。

- (5) なぜ彼女はそこにいたのですか。

覚えておくポイント　Why ～？の答え方

Why「なぜ～か」とたずねられて、「理由」を答えるときは Because ～「～だから」で答えます。「目的」を答えるときは〈To＋動詞の原形〉「～するため」で答えます（2年生で学習します）。

　Why do you like baseball?（なぜあなたは野球が好きなのですか）
　— Because it is interesting.（おもしろいからです）
　Why did you go to the library?（なぜ図書館に行ったのですか）
　— To study.（勉強するためです）

セクション 60

疑問詞を使った疑問文の答え方

答え→別冊 p.20

★ セクション48〜59で学習した，疑問詞を復習しましょう。答えの文から，どの疑問詞を使ってたずねるかをすぐに判断できるようにしておきましょう。

答えの内容	→	疑問詞	答えの内容	→	疑問詞
「人」	→	**who / whom**	「所有者」	→	**whose**
「もの」	→	**what**	「場所」	→	**where**
「時間」	→	**what time**	「時」	→	**when**
「方法」	→	**how**	「数」	→	**how many**
「値段」	→	**how much**	「年齢」	→	**how old**
「期間」	→	**how long**	「理由」	→	**why**

Q1 次の文の( )内の正しいほうを選び，○で囲みなさい。

(4点×5=20点)

(1) (Who / What) did your sister study?
　― She studied English.

(2) (How / Whose) dictionary is this?
　― It is his.

(3) (When / What) happened last night?
　― An earthquake did.

(4) (Who / Whose) is in the classroom now?
　― Bill is.

(5) (When / What time) is it now?
　― It is 3:30 now.

Q2 下線部が答えの中心になるような疑問文をつくりなさい。

(6点×5=30点)

(1) He has <u>five</u> brothers.

- (2) They are dancing <u>in the classroom</u>.

- (3) Tom read the book <u>yesterday</u>.

- (4) It is <u>5,000 yen</u>.

- (5) My father knows <u>her</u> very well.

Q3 次の文の下線部を英語になおしなさい。 (10点×5＝50点)

- (1) <u>あなたのお父さんはそこで何を洗っていますか</u>。— 車を洗っています。

　— He is washing a car there.

- (2) <u>メアリーはどこでテレビを見ていますか</u>。— リビングで見ています。

　— She is watching TV in the living room.

- (3) <u>彼はいつギターを弾きましたか</u>。— 昨夜弾きました。

　— He played the guitar last night.

- (4) <u>あなたは昨日何時に起きましたか</u>。— 6時に起きました。

　— I got up at six o'clock yesterday.

- (5) <u>あれはだれの本ですか</u>。— 私の兄のです。

　— It's my brother's.

確認テスト 5

出題範囲 → セクション 48 ～ 60

1 次の文の( )内に適する語を選び，番号で答えなさい。
（4点×5＝20点）

(1) だれがこの部屋を使いましたか。
　　（　　）used this room?
　　① Who　　② Whose　　③ What

(2) 彼は何時に宿題を終えましたか。
　　（　　）did he finish his homework?
　　① What date　　② What time　　③ What day

(3) これはだれの辞書ですか。
　　（　　）dictionary is this?
　　① Whose　　② Who　　③ Whom

(4) あれはいくらですか。
　　（　　）is that?
　　① How many　　② How much　　③ What time

(5) なぜあなたはそのようなことを言ったのですか。
　　（　　）did you say such a thing?
　　① Why　　② When　　③ Where

2 下線部が答えの中心になるような疑問文をつくりなさい。
（5点×8＝40点）

(1) She went to the park last night.

(2) He usually studies English in his room.

(3) They called Mr. Brown at 7 o'clock.

(4) Mike is walking in the park.

(5) Susan has three children.

(6) The book is 5 dollars.
_____

(7) These are your notebooks.
_____

(8) They are studying in the library.
_____

3 次の日本文に合うように，（　）内の語句を並べかえなさい。　　　(5点×4＝20点)

(1) あなたのお母さんは今何をしているのですか。
(mother / doing / is / your / what) now?
_____ now?

(2) あなたのお兄さんは何台の自動車を持っているのですか。
(your / does / brother / how many / cars / have)?
_____?

(3) 彼らは今どこで勉強していますか。
(now / are / they / studying / where)?
_____?

(4) 彼女はいつ日本に到着しましたか。
(did / arrive / when / she / in) Japan?
_____ Japan?

4 次の日本文を英語になおしなさい。　　　(5点×4＝20点)

(1) トムは今，何をしていますか。―ギターを弾いているところです。
_____

(2) どのようにして，あなたはここに来たのですか。
_____

(3) あなたは何匹の犬を飼っているのですか。
_____

(4) なぜ彼はここにいたのですか。
_____

著者紹介

東進ハイスクール・東進衛星予備校,
Ｚ会東大進学教室英語科講師

杉山 一志 （すぎやま かずし）

　大学時代にワーキングホリデーを利用し，ニュージーランドへ渡航。滞在経験から，実用英語習得の必要性を実感し，帰国後，1日14時間の猛勉強を行い，実用英語検定1級，TOEICテスト975点など様々な英語の資格を取得。

　現在は，自らの学習経験などを生かし，小学生から大学受験生，TOEIC受験指導などを幅広く行うと同時に，模試作成・監修や教材開発にも取り組んでいる。またfacebookなどで，熱意ある先生方との交流を積極的に行っている。

　著書は，「小学英語スーパードリル2・3」（共著・Jリサーチ出版）「スピード英語長文 Level 1～4」（共著・ピアソン桐原）。

　その他，執筆協力多数。

ブログ「英語講師　杉山一志の音読魂」
http://plaza.rakuten.co.jp/kazushi19770825/

- **DTP**　Yoshimoto
- **編集協力**　杉山明美
- **図版イラスト**　曽田久子

シグマベスト
**英文法パターンドリル
中学1年**

著　者	杉山一志
発行者	益井英郎
印刷所	中村印刷株式会社
発行所	株式会社 文英堂

〒601-8121　京都市南区上鳥羽大物町28
〒162-0832　東京都新宿区岩戸町17
（代表）03-3269-4231

本書の内容を無断で複写（コピー）・複製・転載することは，著作者および出版社の権利の侵害となり，著作権法違反となりますので，転載等を希望される場合は前もって小社あて許諾を求めてください。

Ⓒ杉山一志　2012　　Printed in Japan　　●落丁・乱丁はおとりかえします。

σBEST
シグマベスト

英文法はくり返し書いて覚える

英文法パターンドリル
中学 1 年

正解答集

文英堂

セクション 1　本冊 p.6

Q1
(1) am (2) am (3) are (4) am (5) are

Q2
(1) I am a doctor
(2) You are a boy
(3) I am busy
(4) I am fine
(5) You are famous

Q3
(1) I am[I'm] a singer.
(2) You are[You're] a teacher.
(3) I am[I'm] a boy.
(4) You are[You're] busy.
(5) You are[You're] young.

セクション 2　本冊 p.8

Q1
(1) is (2) is (3) is (4) is (5) is

Q2
(1) He is a cook
(2) She is a musician
(3) He is cool
(4) My father is healthy
(5) She is pretty

Q3
(1) She is a writer.
(2) My brother is a musician.
(3) She is kind.
(4) Tom is healthy.
(5) Jane is tall.

セクション 3　本冊 p.10

Q1
(1) are (2) are (3) are (4) are (5) are

Q2
(1) We are students
(2) They are girls
(3) We are teachers
(4) We are sad
(5) They are busy

Q3
(1) We are doctors.
(2) They are students.
(3) They are designers.
(4) They are happy.
(5) We are kind.

セクション 4　本冊 p.12

Q1
(1) is (2) is (3) This (4) is (5) That

Q2
(1) This is a chair
(2) That is a computer
(3) This is a CD
(4) This is Bob
(5) That is Cathy

Q3
(1) This is a carrot.
(2) That is a cookie.
(3) This is a computer.
(4) This is Cathy.
(5) That is Carlos.

セクション 5　本冊 p.14

Q1
(1) is　(2) is　(3) is　(4) is　(5) is

Q2
(1) This game is exciting
(2) That woman is beautiful
(3) This DVD is interesting
(4) This boy is David
(5) That girl is Emma

Q3
(1) This doll is pretty.
(2) That book is interesting.
(3) This pen is useful.
(4) This woman is beautiful.
(5) That man is big.

セクション 6　本冊 p.16

Q1
(1) are　(2) Those　(3) These　(4) are
(5) are

Q2
(1) These are chairs
(2) Those are computers
(3) These are CDs
(4) These are lawyers
(5) Those are English teachers

Q3
(1) These are desks.
(2) Those are CDs.
(3) These are computers.
(4) Those are lawyers.
(5) These are English teachers.

セクション 7　本冊 p.18

Q1
(1) are　(2) Those　(3) These　(4) are
(5) are

Q2
(1) These chairs are small
(2) Those computers are expensive
(3) These movies are interesting
(4) These girls are pretty
(5) Those actors are cool

Q3
(1) Those pens are useful.
(2) These books are interesting.
(3) These desks are small.
(4) These boys are cool.
(5) Those girls are pretty.

セクション 8　本冊 p.20

Q1
(1) Is　(2) Is　(3) Are　(4) Are　(5) Is

Q2
(1) Is he a carpenter
(2) Is that a computer
(3) Are you a singer
(4) Is he fine
(5) Are these books interesting

Q3
(1) Is he sad?
(2) Are you fine?
(3) Are they carpenters?
(4) Is this man busy?
(5) Are those books interesting?

セクション 9　本冊 p.22

Q1
(1) is　(2) is not　(3) they are　(4) I'm not
(5) it is

Q2
(1) Yes, he is
(2) No, it is not
(3) Yes, I am
(4) No, he isn't
(5) Yes, they are

Q3
(1) No, they are not[aren't].
(2) Yes, she is.
(3) No, I am not[I'm not].
(4) Yes, it is.
(5) No, she is not[isn't].

セクション 10　本冊 p.24

Q1
(1) am not　(2) is not　(3) are not
(4) is not　　(5) aren't

Q2
(1) He is not a doctor
(2) I am not a nurse
(3) That is not a museum
(4) Sam isn't busy
(5) These problems aren't easy

Q3
(1) George is not[isn't] a doctor.
(2) That is not[isn't] a pen.
(3) She is not[isn't] a nurse.
(4) I am[I'm] not busy.
(5) Those problems are not[aren't] easy.

確認テスト 1　本冊 p.26

❶
(1) ①　(2) ②　(3) ①　(4) ①　(5) ③

❷
(1) I'm a teacher.
(2) He is not[isn't] a musician.
(3) These bags are not[aren't] large.
(4) Is that man Mr. Smith? — Yes, he is.
(5) Those students are not[aren't] high school students.

[解説]
(4) that man は答えの文では he にするのを忘れないようにしましょう。

❸
(1) a young　(2) are
(3) pencils, useful

❹
(1) Is that a lion / Yes, it is
(2) Are these cars expensive / No, they aren't
(3) I'm not a student
(4) Are you Mr. White? / Yes, I am

[解説]
(1) that(あれは)や this(これは)が主語の場合は，答えでは it を用います。
(2) these(これらは)や those(あれらは)が主語の場合は，答えでは they を用います。

❺
(1) Are you a doctor? — No, I am not[I'm not].
(2) She is beautiful.
(3) These desks are very large[big].
(4) Those are computers.

セクション 11　本冊 p.28

Q1
(1) like　(2) like　(3) like　(4) like　(5) like

Q2
(1) I like basketball
(2) I like Mary
(3) You like Osaka
(4) I like music
(5) You like fruit

Q3
(1) I like Tokyo.
(2) I like tennis.
(3) You like baseball.
(4) I like Tom.
(5) You like John.

セクション 12　本冊 p.30

Q1
(1) play　(2) play　(3) play　(4) play
(5) play

Q2
(1) I play rugby
(2) I play the flute
(3) You play the violin
(4) I play baseball
(5) You play volleyball

Q3
(1) I play the guitar.
(2) I play the violin.
(3) You play the organ.
(4) I play basketball.
(5) You play tennis.

セクション 13　本冊 p.32

Q1
(1) know　(2) have　(3) speak
(4) study　(5) watch

Q2
(1) I have a notebook
(2) I study Korean
(3) You know Tom
(4) I watch the game
(5) You speak Spanish

Q3
(1) I study French.
(2) You have a notebook.
(3) You watch the game.
(4) I speak Spanish.
(5) You know Mary.

セクション 14　本冊 p.34

Q1
(1) Do　(2) Do　(3) Do　(4) Do　(5) Do

Q2
(1) Do you speak Japanese
(2) Do you play the piano
(3) Do you study English
(4) Do you like music
(5) Do you know Bob

Q3
(1) Do you study Chinese?
(2) Do you speak English?
(3) Do you know Tom?
(4) Do you like Bob?
(5) Do you play volleyball?

セクション 15　本冊 p.36

Q1
(1) do　(2) do　(3) do not　(4) do　(5) don't

Q2
(1) No, I do not
(2) Yes, I do
(3) No, I don't
(4) Yes, I do
(5) No, I don't

Q3
(1) Yes, I do.
(2) No, I do not[don't].
(3) Yes, I do.
(4) No, I do not[don't].
(5) No, I do not[don't].

セクション 16　本冊 p.38

Q1
(1) do not like　(2) do not speak
(3) do not use　(4) don't know
(5) don't study

Q2
(1) I do not study Korean
(2) I do not know Kate
(3) You don't speak French
(4) I don't like baseball
(5) You don't play the violin

Q3
(1) I do not[don't] play soccer.
(2) You do not[don't] speak Korean.
(3) I do not[don't] study English.
(4) You do not[don't] know Kate.
(5) You do not[don't] like baseball.

セクション 17　本冊 p.40

Q1
(1) likes　(2) likes　(3) likes
(4) likes　(5) likes

Q2
(1) He likes tennis
(2) He likes science
(3) She likes volleyball
(4) He likes Mary
(5) She likes Korea

Q3
(1) He likes math.
(2) She likes English.
(3) He likes volleyball.
(4) She likes tennis.
(5) He likes Korea.

セクション 18　本冊 p.42

Q1
(1) plays　(2) plays　(3) plays　(4) plays
(5) plays

Q2
(1) Ken plays baseball
(2) The boy plays the drums
(3) My mother plays the guitar
(4) This student plays rugby
(5) Yuki plays volleyball

Q3
(1) Bill plays the guitar.
(2) That boy plays basketball.
(3) My sister plays the organ.
(4) My brother plays the trumpet.
(5) This student plays tennis.

セクション 19　本冊 p.44

Q1
(1) makes　(2) helps　(3) writes
(4) loves　(5) knows

Q2
(1) He writes an e-mail
(2) This teacher knows Mary
(3) The woman makes dinner
(4) He loves Kate
(5) This student helps that teacher

Q3
(1) This woman writes a letter[letters].
(2) She makes[cooks] dinner[supper].
(3) That man knows Kate.
(4) He helps Mary.
(5) Kate loves Jim.

セクション 20　本冊 p.46

Q1
(1) watches　(2) washes　(3) teaches
(4) studies　(5) tries

Q2
(1) That woman washes the dishes
(2) He studies French
(3) She teaches Korean
(4) Anne tries Japanese food
(5) She watches the game

Q3
(1) That teacher teaches French.
(2) This boy studies English.
(3) She tries Korean food.
(4) That man watches the game.
(5) My brother washes a bicycle[bike].

セクション 21　本冊 p.48

Q1
(1) has　(2) has　(3) has
(4) goes　(5) goes

Q2
(1) The actor has a car
(2) He has a CD
(3) The actress has a dog
(4) She goes to a museum
(5) The teacher goes to the station

Q3
(1) He has a map.
(2) The teacher has a pen.
(3) She goes to the station.
(4) He goes to the park.
(5) This woman has a cat.

セクション 22　本冊 p.50

Q1
(1) Does　(2) Does
(3) Does, help
(4) Does, play
(5) Does, watch

Q2
(1) Does your sister study Chinese
(2) Does he have a pen
(3) Does she write letters
(4) Does that man love Mary
(5) Does that woman know Bob

Q3
(1) Does the girl make a cake[cakes]?
(2) Does the man study Chinese?
(3) Does she play the piano?
(4) Does he know Jim?

(5) Does Mr. Brown have a car?

セクション 23 本冊 p.52

Q1
(1) does not (2) does (3) does not
(4) does (5) doesn't

Q2
(1) No, she does not
(2) Yes, he does
(3) No, she does not
(4) Yes, he does
(5) No, she doesn't

Q3
(1) Yes, she does.
(2) No, he does not[doesn't].
(3) Yes, she does.
(4) No, he does not[doesn't].
(5) No, she does not[doesn't].

セクション 24 本冊 p.54

Q1
(1) does not (2) does not (3) does not
(4) doesn't (5) doesn't

Q2
(1) Jim does not study Chinese
(2) He does not have an umbrella
(3) She does not love Jim
(4) The man doesn't write letters
(5) She doesn't go to the library

Q3
(1) Mary does not[doesn't] play the piano.
(2) Tom does not[doesn't] study Chinese.
(3) She does not[doesn't] write a letter [letters].
(4) Jim does not[doesn't] love Mary.
(5) He does not[doesn't] go to the library.

セクション 25 本冊 p.56

Q1
(1) He (2) him (3) His (4) They (5) We

Q2
(1) She is your teacher
(2) That is their school
(3) His brother is a cook
(4) We like her very
(5) They are junior high school students

Q3
(1) Her father is a teacher.
(2) You are junior high school students.
(3) This is our house.
(4) I am their brother.
(5) We like him very much.

確認テスト 2 本冊 p.58

❶
(1) ① (2) ② (3) ② (4) ① (5) ア③ イ②

❷
(1) Do you use this bicycle every day?
 —Yes, I do.
(2) He does not[doesn't] wash his car every Sunday.
(3) She does not[doesn't] have a friend in America.
(4) He goes to school by bus.

[解説]
(3)(4) 主語が3人称単数形の場合，have は has に，go は goes と不規則に変化することに注意しましょう。

③
(1) ア (2) ウ (3) イ (4) エ

[解説]
(1)(3) Do～? や Does～? には，do や does を用いて答えることに注意しましょう。

④
(1) Do you like baseball / Yes, I do
(2) Does he go to the library / No, he doesn't
(3) My father studies English
(4) Mike doesn't have a car

⑤
(1) She likes Korea very much.
(2) Does he play the violin? — No, he does not[doesn't].
(3) I don't like Bob.
(4) That man plays baseball.

[解説]
(1) 一般動詞を説明する「とても」は，文末に very much をつけて表現します。

セクション26 本冊 p.60

Q1
(1) am playing (2) is playing
(3) is playing (4) is playing
(5) are playing

Q2
(1) I am playing soccer
(2) My friend is playing football
(3) The man is playing the violin
(4) She is playing the flute
(5) My mother is playing the organ

Q3
(1) My sister is playing the flute now.
(2) My father is playing the violin now.
(3) That man is playing football now.
(4) He is playing tennis.
(5) I am playing the piano.

セクション27 本冊 p.62

Q1
(1) am studying (2) is speaking
(3) are washing (4) is watching
(5) is cooking

Q2
(1) My mother is cooking dinner
(2) They are speaking Korean
(3) Your brother is watching a TV drama
(4) He is washing a bike
(5) The boy is studying history

Q3
(1) My brother is washing a bicycle[bike] now.
(2) I am studying French now.
(3) He is speaking English now.
(4) My mother is making[cooking] lunch.
(5) We are watching TV in the living room.

セクション28 本冊 p.64

Q1
(1) am making (2) is using
(3) are writing (4) is running
(5) is swimming

Q2
(1) We are using a computer
(2) They are swimming in the pool
(3) Tom is running on the track
(4) The girl is writing an e-mail
(5) Mary is making a doll

Q3
(1) My father is writing a letter now.
(2) They are swimming in the river.
(3) My mother is making a cake.
(4) He is running on the track.
(5) Tom is using a computer now.

セクション 29　本冊 p.66

Q1
(1) Are you playing
(2) Is his father speaking
(3) Is Mary studying
(4) Is the man using
(5) Are they writing

Q2
(1) Are you studying math
(2) Is her father using a computer
(3) Is she writing a song
(4) Is Tom playing soccer
(5) Is his brother speaking Korean

Q3
(1) Is your father studying Korean now?
(2) Is he writing an e-mail now?
(3) Is the man speaking English now?
(4) Are you using a computer now?
(5) Is she playing tennis now?

セクション 30　本冊 p.68

Q1
(1) I am　(2) we are not　(3) he is
(4) he isn't　(5) she isn't

Q2
(1) No, I am not
(2) Yes, he is
(3) No, she is not
(4) No, they aren't
(5) Yes, she is

Q3
(1) Yes, I am.
(2) No, he is not[isn't].
(3) Yes, he is.
(4) No, she is not[isn't].
(5) Yes, they are.

セクション 31　本冊 p.70

Q1
(1) am not playing　(2) are not studying
(3) is not making　(4) is not using
(5) am not writing

Q2
(1) He is not playing soccer
(2) I am not using a computer
(3) Betty isn't making a doll
(4) I'm not writing an e-mail
(5) They're not studying math

Q3
(1) My brother is not[isn't] studying English now.
(2) She is not[isn't] making a doll.
(3) Betty is not[isn't] writing a song now.
(4) Bob is not[isn't] using a computer now.
(5) They are not[aren't] playing soccer.

セクション 32　本冊 p.72

Q1
(1) can play　(2) can play　(3) can write

(4) can speak (5) can use

Q2
(1) You can swim well
(2) Emily can speak French
(3) He can play baseball well
(4) She can play the violin very well
(5) My friend can use the Internet

Q3
(1) He can play soccer well.
(2) My mother can speak French well.
(3) I can use a computer.
(4) I can play the violin.
(5) The man can swim very well.

セクション 33　本冊 p.74

Q1
(1) Can you play
(2) Can she play
(3) Can Mary speak
(4) Can you write
(5) Can he run

Q2
(1) Can you use a computer
(2) Can you speak French well
(3) Can she play the piano well
(4) Can your brother run fast
(5) Can he swim fast

Q3
(1) Can you write a letter well?
(2) Can Jack speak Japanese?
(3) Can she run fast?
(4) Can you swim fast?
(5) Can your father use a computer?

セクション 34　本冊 p.76

Q1
(1) he can (2) she can't (3) I can't
(4) he can (5) I can't

Q2
(1) No, she cannot
(2) Yes, I can
(3) No, he can't
(4) Yes, she can
(5) No, he cannot

Q3
(1) Yes, she can.
(2) No, I cannot[can't].
(3) Yes, he can.
(4) No, I cannot[can't].
(5) Yes, he can.

セクション 35　本冊 p.78

Q1
(1) cannot play (2) cannot play
(3) cannot write (4) can't run
(5) can't swim

Q2
(1) I cannot speak English well
(2) My mother cannot use a computer
(3) He cannot play the piano well
(4) She can't play cricket well
(5) You can't run fast

Q3
(1) He cannot[can't] dance well.
(2) She cannot[can't] use a computer.
(3) She cannot[can't] speak English well.
(4) I cannot[can't] sing English songs.
(5) He cannot[can't] swim fast.

確認テスト 3　本冊 p.80

❶
(1) studying　(2) making
(3) talking　(4) using
(5) swimming

❷
(1) I'm[I am] not reading a book.
(2) We are not[aren't] cleaning the classroom now.
(3) Can John play the guitar very well?
　— No, he cannot[can't].
(4) Susan is watching a baseball game.
(5) Are you writing a letter to her now?

❸
(1) ①　(2) ③　(3) ①　(4) ③

❹
(1) He is taking pictures
(2) They are not eating dinner now
(3) Is Mary working at a library now /
　Yes, she is
(4) Are you helping your teacher now /
　No, I'm not

[解説]
現在進行形では，ing の前に be 動詞を置くことを忘れないようにしましょう。

❺
(1) I am listening to music now.
(2) My sister is not[isn't] doing her homework now.
(3) Are you eating[having] lunch now?
(4) My mother cannot[can't] drive a car well.

[解説]
(1)「〜を聞く」listen to 〜　(2)「宿題をする」というときの動詞は，do を用います。

セクション 36　本冊 p.82

Q1
(1) played　(2) played　(3) played
(4) played　(5) played

Q2
(1) I played baseball
(2) Tom played the trumpet
(3) They played volleyball
(4) We did *judo*
(5) The students played football

Q3
(1) We played volleyball last week.
(2) She played the violin yesterday.
(3) The students played basketball yesterday.
(4) The boys played baseball yesterday.
(5) Mary played the trumpet last night.

セクション 37　本冊 p.84

Q1
(1) watched　(2) washed　(3) helped
(4) enjoyed　(5) called

Q2
(1) My mother watched a drama
(2) My sister washed the dishes
(3) She helped Bob
(4) We enjoyed the baseball game
(5) He called Tom

Q3
(1) The boy helped Mary last month.
(2) I called Bob last night.
(3) He enjoyed the party last week.
(4) His father washed the car four days ago.

(5) We enjoyed the baseball game last week.

セクション 38　本冊 p.86

Q1
(1) liked　(2) loved　(3) used
(4) studied　(5) tried

Q2
(1) I loved Jim long ago
(2) He used a pen long ago
(3) They liked math long ago
(4) We studied science three years ago
(5) The girl cried last night

Q3
(1) I loved Mary long ago.
(2) We liked English long ago.
(3) His father used a pen long ago.
(4) Mary cried last night.
(5) They studied history two years ago.

セクション 39　本冊 p.88

Q1
(1) met　(2) went　(3) spoke
(4) gave　(5) ate

Q2
(1) I met some friends
(2) He went to the park
(3) I wrote a letter to Mary last
(4) Kate gave a present to her friend last
(5) My brother ate *natto* for

Q3
(1) I met[saw] my friend yesterday.
(2) Ken went to the park yesterday morning.
(3) She wrote a letter to her mother last week.
(4) He ate an apple yesterday.
(5) My brother gave a present to his friend yesterday.

セクション 40　本冊 p.90

Q1
(1) Did you　(2) Did you
(3) Did your brother　(4) Did he study
(5) Did that girl cry

Q2
(1) Did you love Kate
(2) Did you study Japanese
(3) Did you live in Osaka
(4) Did you try Korean food
(5) Did you use a bike

Q3
(1) Did that girl like Japanese?
(2) Did they study English a week ago?
(3) Did he live in Kyoto last year?
(4) Did your mother cry last night?
(5) Did your father use a computer three days ago?

セクション 41　本冊 p.92

Q1
(1) did　(2) did not　(3) I did
(4) he didn't　(5) I didn't

Q2
(1) No, he did not
(2) Yes, he did
(3) No, she did not
(4) No, he didn't

(5) Yes, I did

Q3
(1) Yes, I did.
(2) Yes, I did.
(3) Yes, he did.
(4) No, she did not[didn't].
(5) No, I did not[didn't].

セクション 42 本冊 p.94

Q1
(1) did not like (2) did not live
(3) didn't use (4) didn't study
(5) didn't cry

Q2
(1) We did not study English
(2) I did not like him
(3) They didn't cry
(4) He didn't love Mary
(5) The man didn't take a bath

Q3
(1) He did not[didn't] live in Kyoto last year.
(2) They did not[didn't] study history yesterday.
(3) My father did not[didn't] use a computer a week ago.
(4) My sister did not[didn't] cry last night.
(5) His father did not[didn't] take a bath yesterday.

セクション 43 本冊 p.96

Q1
(1) was (2) were (3) was (4) was

(5) were

Q2
(1) My father was a soccer player
(2) He was a doctor
(3) That was her dictionary
(4) They were busy
(5) His mother was beautiful

Q3
(1) He was a teacher.
(2) She was beautiful.
(3) We were soccer players.
(4) They were young.
(5) Those students were busy.

セクション 44 本冊 p.98

Q1
(1) is (2) is (3) was (4) are (5) was

Q2
(1) He is in his room
(2) The girl is on the bed
(3) The students were in the classroom
(4) They were on the playing field
(5) The dog was on the chair

Q3
(1) The cat was on the bed.
(2) Tom was in his room.
(3) Those books are under the chair.
(4) That book was on the table.
(5) The students were in the park.

セクション 45 本冊 p.100

Q1
(1) Was (2) Was (3) Were (4) Were
(5) Was

Q2
(1) Was he famous
(2) Was that key in
(3) Was she in the classroom
(4) Was that woman beautiful
(5) Was Jim fat

Q3
(1) Was the book on the chair?
(2) Was that woman a doctor long ago?
(3) Was Mr. Green busy?
(4) Was that key on the table?
(5) Were they in the classroom?

Q2
(1) He was not busy
(2) That key was not on
(3) They weren't in the classroom
(4) That man wasn't tall
(5) Tom was not fat

Q3
(1) The book was not[wasn't] on the table.
(2) That man was not[wasn't] an engineer.
(3) David was not[wasn't] busy.
(4) The cat was not[wasn't] on the chair.
(5) These students were not[weren't] in the classroom.

セクション46 本冊 p.102

Q1
(1) was not (2) was (3) we weren't
(4) I was   (5) he wasn't

Q2
(1) No, he was not
(2) Yes, we were
(3) No, it wasn't
(4) Yes, they were
(5) No, she wasn't

Q3
(1) No, he was not[wasn't].
(2) Yes, they were.
(3) No, he was not[wasn't].
(4) Yes, I was.
(5) No, she was not[wasn't].

セクション47 本冊 p.104

Q1
(1) was not (2) was not (3) were not
(4) weren't (5) wasn't

確認テスト4 本冊 p.106

❶
(1) watched (2) made   (3) talked
(4) had   (5) went   (6) studied

【解説】
過去形は過去の動作や状態を表します。yesterday や last 〜 という語句とともに使われることが多いことを確認しましょう。

❷
(1) イ (2) ア (3) ア
(4) ウ (5) ウ (6) イ

❸
(1) I went to the park yesterday.
(2) Did he study English last night?
(3) They didn't call Mr. Brown last week.
(4) Mike was in the park then.
(5) They weren't busy last night.

【解説】
時を表す語句を付け加えるだけでなく時制も変える必要があります。be動詞と一般動詞をしっかり区別して，英文を作ることが大切です。

❹
(1) invited　(2) played
(3) studied　(4) called
(5) went　(6) had

解説
(1)「私たちは彼をパーティーに招待した」の意味になります。

❺
(1) He listened to music
(2) My mother didn't do anything
(3) My brother didn't do his homework
(4) She was in the library this

❻
(1) I didn't talk with him yesterday.
(2) Did she go to school last week?

セクション 48　本冊 p.108

Q1
(1) did you eat　(2) is your sister
(3) does your brother study
(4) did they make　(5) is he saying

Q2
(1) is he writing
(2) did you read yesterday
(3) did your brother study yesterday
(4) What does she do
(5) What does Tom have

Q3
(1) What did she make yesterday?
(2) What are you reading now?
(3) What does your sister study?
(4) What did you do yesterday?
(5) What do you have in your hand(s)? /
What are you holding in your hand(s)?

セクション 49　本冊 p.110

Q1
(1) What sport
(2) What fruit
(3) What subject does
(4) What color did the boy like
(5) What accident happened

Q2
(1) color do you like
(2) What fruit did your brother eat
(3) What animal was
(4) What sport does your father do
(5) What subject is he studying now

Q3
(1) What subject do you like?
(2) What accident happened last night?
(3) What color did the girl like?
(4) What animal was there?
(5) What fruit did he eat yesterday?

セクション 50　本冊 p.112

Q1
(1) What time　(2) What time do you
(3) What time did　(4) What time do they
(5) What time did the accident

Q2
(1) time is it now
(2) time did they come
(3) What time does Mary get up
(4) What time did the earthquake happen
(5) What time did you go to bed last night

Q3
(1) What time is it now in China?

(2) What time did Mary go to bed last night?
(3) What time did he come to school yesterday?
(4) What time did the earthquake happen there?
(5) What time do you get up on Sundays?

セクション 51　本冊 p.114

Q1
(1) Who do　(2) Who did you meet
(3) Who is he　(4) Who does
(5) Whom does your father know

Q2
(1) does he love
(2) Who did you meet
(3) Who does Mary know
(4) Who did your sister teach English
(5) Whom do they like

Q3
(1) Who[Whom] do you love?
(2) Who[Whom] did your father meet[see] yesterday?
(3) Who[Whom] does your sister know well?
(4) Who[Whom] does he teach English?
(5) Whom does she like?

セクション 52　本冊 p.116

Q1
(1) Who is watching　(2) Who is singing
(3) Who studies　(4) Who was
(5) Who said

Q2
(1) Who is studying English
(2) Who used this dictionary
(3) Who is watching the movie
(4) Who said so
(5) Who likes you

Q3
(1) Who knows your father?
(2) Who is studying English now?
(3) Who is in the park?
(4) Who met[saw] you last night?
(5) Who loves your brother?

セクション 53　本冊 p.118

Q1
(1) Whose pen
(2) Whose dictionary is
(3) Whose books
(4) Whose computer did you
(5) Whose diary is he

Q2
(1) bicycle is that
(2) Whose cars are these
(3) Whose pen are you using
(4) Whose dictionary did she borrow
(5) Whose book is interesting

Q3
(1) Whose computers are those?
(2) Whose house is that?
(3) Whose dictionary is she using?
(4) Whose mother did you meet[see]?
(5) Whose story is interesting?

セクション54　本冊 p.120

Q1
(1) How many pens
(2) How many dictionaries
(3) How many brothers does
(4) How many boys are
(5) visitors came

Q2
(1) books do you have
(2) many countries do you know
(3) How many cars does your father have
(4) How many dogs are running in the
(5) How many girls came

Q3
(1) How many sisters does she have?
(2) How many dogs do you have?
(3) How many dictionaries did you use yesterday?
(4) How many boys are playing baseball now?
(5) How many visitors came to the temple?

セクション55　本冊 p.122

Q1
(1) How much　(2) How much　(3) does
(4) are　(5) does

Q2
(1) How much is this dictionary
(2) How much are these computers
(3) How much do you have in
(4) How much did Tom pay
(5) How much did she have

Q3
(1) How much is this book?
(2) How much are those?
(3) How much did he have?
(4) How much did you pay for this camera?
(5) How much does she have in her pocket?

セクション56　本冊 p.124

Q1
(1) How tall　(2) How old　(3) How
(4) How far　(5) How long

Q2
(1) How old are you
(2) How did you master English
(3) How can we go there
(4) How do you eat this fruit
(5) How long does Ken stay in

Q3
(1) How old was she then[at that time]?
(2) How far is it from your house to the library?
(3) How tall is he?
(4) How long did they stay there?
(5) How does he go to school?

セクション57　本冊 p.126

Q1
(1) Where is　(2) Where are
(3) were they　(4) did they go
(5) did she get

Q2
(1) Where was the dog

(2) Where are they studying
(3) Where did they buy those books
(4) Where are you going
(5) Where does your father work

Q3
(1) Where was she?
(2) Where are they playing baseball now?
(3) Where is he going?
(4) Where does your brother work?
(5) Where did you buy this book?

セクション 58　本冊 p.128

Q1
(1) When is　(2) is　(3) did they
(4) did they go　(5) did she get

Q2
(1) When is your sister's birthday
(2) When is the graduation ceremony
(3) When did they go to England
(4) When does your school begin
(5) When does spring come

Q3
(1) When is her birthday?
(2) When is their wedding anniversary?
(3) When did that man go to England?
(4) When did she get that book?
(5) When did you start[begin] your job?

セクション 59　本冊 p.130

Q1
(1) Why were　(2) Why　(3) are they
(4) Why　(5) did Kate get

Q2
(1) Why is that boy standing

(2) Why do you study Korean
(3) Why did that woman go to
(4) Why is that dog barking
(5) Why are those students in

Q3
(1) Why is that man in the park?
(2) Why do you study English?
(3) Why did he buy this bicycle[bike]?
(4) Why is Mary crying?
(5) Why was she there?

セクション 60　本冊 p.132

Q1
(1) What　(2) Whose
(3) What　(4) Who
(5) What time

Q2
(1) How many brothers does he have?
(2) Where are they dancing?
(3) When did Tom read the book?
(4) How much is it?
(5) Who(m) does your father know very well?

Q3
(1) What is your father washing there?
(2) Where is Mary watching TV?
(3) When did he play the guitar?
(4) What time did you get up yesterday?
(5) Whose book is that?

確認テスト 5　本冊 p.134

❶
(1) ①　(2) ②　(3) ①　(4) ②　(5) ①

❷
(1) When did she go to the park?
(2) Where does he usually study English?
(3) What time did they call Mr. Brown?
(4) Who is walking in the park?
(5) How many children does Susan have?
(6) How much is the book?
(7) Whose notebooks are these?
(8) What are they doing in the library?

〔解説〕
(2) usually「いつもは」 (8)「彼らは図書館で何をしているところですか」という意味を作ります。

❸
(1) What is your mother doing
(2) How many cars does your brother have
(3) Where are they studying now
(4) When did she arrive in

❹
(1) What is Tom doing now? — He is playing the guitar.
(2) How did you come here?
(3) How many dogs do you have?
(4) Why was he here?

[MEMO]

[MEMO]

B